深度粉销

高转化、高复购的用户运营黄金法则

丁丁◎著

人民邮电出版社

北京

图书在版编目（CIP）数据

深度粉销：高转化、高复购的用户运营黄金法则 /
丁丁著. -- 北京：人民邮电出版社，2018.11（2024.1重印）
ISBN 978-7-115-49692-8

Ⅰ．①深… Ⅱ．①丁… Ⅲ．①网络营销 Ⅳ.
①F713.365.2

中国版本图书馆CIP数据核字(2018)第229032号

♦ 著　　　丁　丁
　　责任编辑　恭竟平
　　责任印制　周昇亮
♦ 人民邮电出版社出版发行　　北京市丰台区成寿寺路11号
　　邮编　100164　　电子邮件　315@ptpress.com.cn
　　网址　https://www.ptpress.com.cn
　　涿州市般润文化传播有限公司印刷
♦ 开本：690×970　1/16
　　印张：17.5　　　　　　　　2018年11月第1版
　　字数：262千字　　　　　　2024年1月河北第21次印刷

定价：59.80 元

读者服务热线：(010)81055296　印装质量热线：(010)81055316
反盗版热线：(010)81055315
广告经营许可证：京东市监广登字20170147号

行业赞誉 >>>

在我创办樊登读书时，最大的信心来自"一千铁粉原理"：只要有1000个铁粉的支持，互联网项目就一定能活下去。北大才女丁丁能带给你的不仅仅是1000个铁粉，还有整套经过实践检验的粉丝运营方法和工具。

——樊登读书创始人 樊登

圈层共识已成商业常态，越来越多的连接是认知圈层化匹配的过程。新商业领域，圈层共识的分层创造了更多的新模式和商业新物种，这是《深度粉销》对创新逻辑的重要贡献。

——场景实验室创始人 吴声

我相信未来不论是个人品牌的成功，还是企业品牌的树立，都离不开粉丝思维的指导。无论你想成名还是成长都需要有粉丝思维。

——Star VC 创始人 任泉

随着中国社会全面进入社交媒体和移动互联时代，个体消费者的影响显著提升，企业必须强化粉丝与互动。基于丰富的粉丝营销实战经验，丁丁这本书既前沿又实用，全程贯穿着她对粉丝参与的运营模式及经济模式的思考，难能可贵，值得细读。

——中国人民大学商学院院长、教授　毛基业

如果你自觉处在新旧营销的空窗期，那么，我敢和你打赌，《深度粉销》一定是你的新欢和真爱！

——统一企业（中国）控股有限公司总经理　刘新华

"粉丝就是支持者""全粉丝价值链""粉丝营销三角法则"……丁丁老师在《深度粉销》这本书里的几个新定义让我很有启发，同时也坚定了我们下一步的方向。

——江小白酒业董事长　陶石泉

以往，我们深受"流量为王"思想的影响，以至于使劲浑身解数，就为获取最多的用户量，甚至出现饮鸩止渴般地刷量造假。渐渐地，"流量＝销量"不奏效了，因为用户每天面对光怪陆离的变化，很难再有留存和忠诚。策略决定行为，流量的流失，背后是大而全经营策略的失效。

至此，丁丁老师的"粉丝为王"思想传播开了，"粉丝将成为品牌最贵的资产""无粉丝不品牌"，掷地有声的论断让我们明白：要用心聆听每一个粉丝的声音，先爱上粉丝，再让粉丝的爱成就品牌。

我是丁丁老师的铁杆粉丝，丁丁两个字已经成为粉丝营销的代名词。而且我本人也是粉丝营销理念的受益者，不论我的事业如何闪转腾挪，都能牵动一批人达成共识，这就是粉丝力量的连续性，她爱你，不是因为你长期守着一个窝儿，而是因为你无论到了哪里，都时刻念着她，并真心对她好。

我推荐丁丁老师这本《深度粉销》，相信它是你走入粉丝心房的那把钥匙！

——天天抖料创始人、知名区块链作者　陈菜根

中国的消费社会已进入小众时代。创业者首先要思考做哪个细分人群的生意，然后才能针对目标人群定义产品、制定品牌战略和渠道策略。在这个过程中，如果能把相关利益方都变成品牌的粉丝，将极大提升整个体系的运营效率。丁丁的深度粉销理论体系和实践打法，就是教创业者做到这一点的。

——消费投资老兵、原天图资本副总裁、复星瑞哲执行总经理　曾凡华

经营粉丝，并不是一时的喧嚣，而是用心和脑，用真诚的交流，长久拥有目标人群的心智。丁丁老师以丰富的案例和完整的体系，深入浅出带你理解、掌握和学会运营"粉丝世界"，相信一定会使您受益匪浅。

——联想创投集团执行董事、首席营销官　陈蜀杰

企业营销创新与发展的逻辑和路径是越来越贴近顾客，越来越融入顾客。过去几十年，深度分销是主流营销模式，它使品牌商在零售终端层面和顾客会合。未来，深度粉销将超越传统的深度分销，它使品牌商和顾客结成价值共创共享的伙伴。丁丁敏锐地感知到营销创新的时代脉动，站立潮头，结合一些新锐企业的实例，对深度粉销做了总结和探索，实用、前瞻、有趣。粉丝营销难度很大，需要专业能力。本书对如何吸引粉丝、运作及激活粉丝社群、发展粉丝关系做了系统研究，对致力于营销和战略创新的企业及营销管理者很有参考价值。主题新，案例新，观念新，方法新是本书的主要特点。特此推荐。祝贺丁丁著作出版。

——知名战略与营销管理专家、华夏基石管理咨询集团领衔专家　施炜

今天的营销传播从业人员是最幸运的，去中心化的媒体现状，为我们提供了那么广的工具和平台的选择性；今天的营销传播从业人员也是最难的，当目标受众已经被海量的信息包围，对各种营销手段产生抵触的时候，如何将企业与客户间追逐与逃离的博弈变为吸引与互动的游戏？丁丁结合多年实战与深入的业界观察写出的《深度粉销》，感觉对所有关注粉丝、社群营销的业者，有着岩石与灯塔的作用。

—— 美通社中国副总裁　李威（Vivienne Li）

丁丁是我的小友。当年做"金鼎奖"，我是总策划，她是总执行，精干、热情而周全。

我是丁丁的粉丝。近些年，眼看着她在数字化营销的道路上狂奔，不断打造现象级的个案，直到《深度粉销》一书的出版。曾经当面听丁丁讲过的那些精彩故事，终于可以在此静静阅读、细细回味了。

——奇正沐古（中国）咨询机构创始人、销售与市场杂志总策划　孔繁任

丁丁老师是深度粉销理论体系的创建者，她亲自操盘的成功而为人所熟知的案例很多，她在众多的实战经验中观察到了"深度粉销"的趋势，并且从中提链出信任链和推荐链的现代商业新逻辑：信任链＋推荐链＝引爆。她善于运用平凡的意见领袖（Key Opinion Leader, KOL）的影响力去传播品牌和产品，并且建议深入观察忠诚的用户并从中发掘其深度需求，作为开发新产品的参考。

丁丁老师毫不藏私地将其十年来的实务上获得的心得，写成了这本心血之作——《深度粉销》，其中有新的思维方式，有独创的理论，有操作方式，以及精彩的个案。我有幸先拜读书稿，获益良多，故乐为之推荐。盼有志实践新营销的同好，皆能因此书而获益。

——美国加州州立大学管理信息系统教授　陈明德

无社交，不传播；无连接，不营销；无粉丝，不品牌！丁丁的《深度粉销》，直击新传播、新营销、新品牌的靶心，为我们描绘了一幅深度粉销的路线图。这本书立足当下，面向未来，富于创见，值得我们深入研读。

——广告人文化集团总裁 穆虹

让用户"粉"你

深度分销是把货铺到终端，离用户更近。新营销、新零售是连接用户，与用户零距离。而"深度粉销"则是直击用户心灵，与用户合为一体，让用户"粉"你，让用户心有所属。

粉你，意味着不满足于关注你，为你埋单，还要为你付出更多。

粉你，就会支持你，帮你传播。

粉你，就会在别人黑你时勇敢地站出来，为你辩护。

粉你，不是要购买，而是要"供养"。

那些"铁忠粉"，还要与你同频共振，破吉尼斯世界纪录，一如鹿晗的粉丝。粉丝，从结果看，就是无条件支持你的人。不仅个人会无条件支持你，还会作为意见领袖，带动更多的人无条件支持你。

很多人心目中的粉丝，是营销推广后吸引来的人，但丁丁老师眼里的深度粉销则不同，其粉丝是全价值链粉丝。让一个人成为粉丝，不难；让一群人成为粉丝，也不难；但让全价值链的人成为粉丝，则非常难。

粉丝营销之难，难在粉丝营销隐含的一个要素：让用户无条件信任。粉丝无条件支持的前提是无条件信任。《深度粉销》所贯穿的营销理念和思维正是以无条件信任的思维构造产品、构建价值链。

通过这本书的目录，读者就能发现，粉丝的站位远超口号式的用户导向，它把用户导向根植于思考站位、分析流程和工具，构造出一个以用户"无条件信任"为目标的价值体系和操作系统。单独拿出粉丝营销的方法，或许有用，但离粉丝的"无条件信任"和"无条件支持"还差十万八千里。

我是丁丁老师的超级粉丝，她也说她是我的粉丝。我们是互粉。很真诚地说句俗话，我粉丁丁是：始于才华，陷于颜值，终于人品。

我和丁丁老师曾经同在销售与市场杂志社任职。2010年，她创办公司，服务企业。那时，正值传统营销红利终结、品牌商彷徨和迷茫之时。我也是迷茫者之一。

2012年，丁丁老师提出"深度粉销"的理论。从时间上看，她可以被视为用互联网思维解决营销问题的第一人。当然，她的视角是品牌商，而非马云的零售商视角。

2014年，当我决定告别传统营销时，我去找丁丁老师学习。当时，丁丁老师和江小白的陶石泉老师是我觉得能够用互联网思维解决品牌商问题的不多的几位营销人中的两位。我亲眼见证她作为"众筹女王"数分钟众筹千万元的奇迹，如果不是在当场，我没有那么震撼。我也亲见，面对客户提出的我认为无解的难题，她却能用粉丝营销的思维轻松解决，让我和在场的其他人惊叹。

为了传播深度粉销的理念，我加入了丁丁老师创办的"粉丝研究院"。也正是在向丁丁老师学习和与她交流的过程中，我提出了基于移动互联网环境下的新营销理论。在新营销理论中，能够看到"深度粉销"的影子。向丁丁老师学习粉丝营销这么多年，深度粉销与新营销已经相互交融，其特征都是"解决一个时代营销问题的思维系统"。

　　《深度粉销》的出版，我期待了好多年，它让我第一次系统地了解了粉丝营销理论。我的粉丝，很多已经是丁丁老师的粉丝，我也期待更多的人成为丁丁老师的粉丝，然后让品牌或产品拥有更多的粉丝。记住，粉丝意味着无条件信任、无条件支持。

新营销体系创始人、郑州大学副教授、硕士生导师

曾任双汇发展副总经理、销售与市场杂志社副总编

刘春雄

从深度分销到深度粉销

移动互联网技术的崛起引发了当代最深刻的媒介变革，而媒介决定了营销效率能否最大化，因此，在这场轰轰烈烈的媒介变革中，我们营销界也迎来了史无前例的机遇和挑战——如何实现用户的高转化、高复购，这成为每个企业和每位营销人的难点和痛点。

去中心化时代的媒体流变

2018年5月29日，著名主持人、"反转斗士"崔永元在微博爆出一份"阴阳合同"，引发了网民对娱乐圈偷税、逃税事件的大讨论。事件不断发酵，甚至引起了国家税务总局的注意，并责成江苏等地方税务机关对涉嫌人员和企业展开调查，此事还引发了娱乐影视相关股票的大地震。

类似的事件还有很多，自媒体已经成为新闻事件传播和公民维权举报的重要窗口和平台。

过去，我们所习以为常的传统传播路径通常是：事件发生之后，首先由权威媒体进行报道,其他媒体随后跟进,新闻实现广泛传播之后引发民众的热议,随后民间的关注达到最高峰。

相比之下,伴随微博、微信等新的社会化媒体相继出现,事件发生后,通常会先迅速在微博或者微信朋友圈形成热议。此后,意见领袖的关注和转发为整个事件的传播推波助澜,从而影响到更多的人群。到这一阶段,传统媒体才会进行跟进和报道,并使事件达到关注的最高峰。不同时代信息传播路径变化如下图所示。

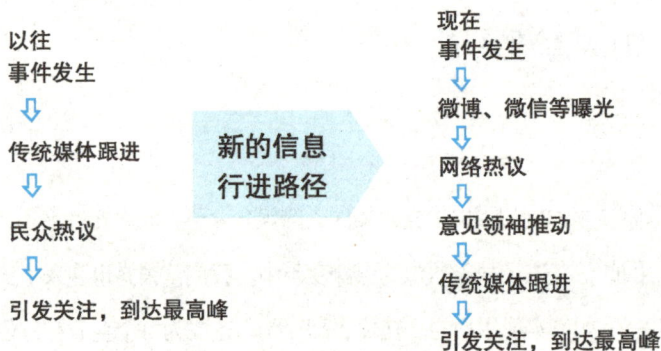

以往
事件发生
⇩
传统媒体跟进
⇩
民众热议
⇩
引发关注,到达最高峰

**新的信息
行进路径**

现在
事件发生
⇩
微博、微信等曝光
⇩
网络热议
⇩
意见领袖推动
⇩
传统媒体跟进
⇩
引发关注,到达最高峰

不同时代信息传播路径的变化

两种传播路径的最大区别是:传统传播路径始于传统媒体,信息拥有者和受众在很大程度上是信息不对称、力量不对等的。而在新的媒体传播路径下,受众可以在极短的时间内聚集,并瞬间散去。无数受众聚合在一起时会产生巨大的力量,这也导致消费者和厂家的力量对比较以前发生了前所未有的改变,很大程度上打破了信息不对称的情况。

媒体传播路径的巨大变化实际蕴含着一个题中之义——**我们所习以为常的品牌打造方式可能不再奏效,取而代之的是新的营销理念和方式。**

挑战：传统营销失灵

互联网及社交媒体的发展催生了大批互联网公司及"网红"品牌，如小米、美团、滴滴、网易，但与之相对应的是，大量传统企业的日子却越来越不好过。问题是多方面的，但其中一个重要的因素就是以深度分销为代表的传统营销体系的失灵。

众所周知，**传统营销有"两条腿"：一条是电视等中心化媒体的空中轰炸；另一条是深度分销，即通过人海战术，最大化地无缝覆盖尽可能多的终端，实现"三到"，即看得到（生动化陈列）、听得到（终端推荐）、买得到（铺货率）。**

这两条腿曾经是传统企业连接顾客和获取流量的主要入口，但在互联网环境下，这种陆空协作的模式正在失去原有的效用。一方面，信息不对称的局面被打破了，消费者的话语权提高，并且变得越来越理性，灌输式的广告教育已经不灵了。另一方面，流量和消费者的注意力有很大一部分转移到了线上，购买路径也发生了同样的转移，线上下单越来越便利，这导致的直接后果是线下终端的影响力和动销力急速坠落。

机遇：粉丝经济的萌芽及崛起

2018 年 4 月 26 日，某明星半夜发了张付费照片，需要支付 60 元的会员费才能看大图，据说结果竟然有 8 万人支付了，他一夜醒来赚了 480 万元！

当看到这条新闻时，我吓了一跳，作为粉丝营销的倡导者和实践者，我信仰粉丝的力量，但我还是没想到粉丝的商业价值和爆发力竟然如此巨大。

以社交媒体为代表的媒介变革给营销带来的最大机遇就是粉丝经济的蓬勃发展。

粉丝作为一种社会现象早就有，比如 20 世纪七八十年代的邓丽君迷就算是粉丝，但那时候的追星族自发性特征明显，缺少计划性和组织性。粉丝作为一种社会现象真正地商业化则是从 2005 年湖南卫视的一档选秀节目《超级女声》开始。

当年，这档草根选秀节目吸引了超过 15 万年轻女孩参与其中，约有 4 亿观众收看了 2005 年 8 月 26 日的总决赛电视直播，有 800 多万人使用手机发送短信为自己支持的选手投票。这档节目不仅让湖南卫视名声大噪，而且还带来了巨大的商业利益，广告短信收入超过 3000 万元，广告经营收入突破 1.5 亿元，年营收突破 6 亿元，开启了娱乐营销的全民狂欢。

不仅如此，凭借"超女"对粉丝的影响力，节目还让冠名商蒙牛成为这场粉丝狂欢中的最大赢家。2005 年，蒙牛旗下乳饮料销售一路飘红，缔造品牌、口碑的同时还赢得了 23 亿元的销售佳绩。那一首《酸酸甜甜就是我》唱红了张含韵，也唱红了蒙牛酸酸乳，蒙牛酸酸乳品牌提及率跃升为 18.3%，品牌力和市场占有率迅速攀升。

超女所带来的商业价值是奇迹性的，其成功的原因除了对传统选秀规则的颠覆外，很重要的一点正是得益于当时社会化媒体的发展，比如 QQ 群、豆瓣、天涯、百度贴吧等为粉丝的连接和聚拢提供了条件。至今，百度上李宇春、周笔畅、张靓颖、尚雯婕、谭维维等超女成员的贴吧仍然十分活跃，并继续承担着其粉丝大本营的功能。

超女的成功不仅开启了中国选秀文化的黄金十年，而且开创了中国亿万粉丝经济运作的先河，让人们对粉丝运营产生了颠覆性的认识。尤其是微博、微信等社交媒体的出现，进一步催化了粉丝经济由萌芽走向成熟。其中，典型代表就是小米。

有人总结出小米的成功模式：运用微博获取新用户，运用论坛维护用户活跃度，运用微信做客服。

小米是中国第一个打出粉丝经济旗号的机构品牌，黎万强在《参与感》这本书中将小米的成功归结为最初的"100 位梦想赞助商"，这是小米最早的铁杆粉丝，也是引爆小米品牌的导火索。雷军也多次表示："因为'米粉'，所以小米。"

作为小米粉丝经济的标志性事件——2014 年"米粉节"，在历时 12 小时的活动中，小米官网共接受订单 226 万单，售出 130 万部手机，销售额超过 15 亿元，配件销售额超过 1 亿元，当天发货订单 20 万单，共 1500 万人参与米粉节活动。一时引得业内外无数人侧目，粉丝经济也随着小米的成功再次引爆。

与超女现象不同的是，小米的成功实践拓宽了粉丝经济和粉丝营销的边界，让人们意识到，不仅明星、偶像等个人品牌可以拥有粉丝，作为机构品牌的企业组织同样可以通过包装和运营培养自己品牌的粉丝。

从个人品牌粉丝到机构品牌粉丝，粉丝与商业的融合进一步加深，粉丝经济自此走向成熟。

展望：从粉丝营销走向全粉丝价值链

粉丝经济和粉丝营销本质上是由媒介变革带来的连接效率提升驱动的，原来品牌不具备直连消费者的能力，只能通过层层渠道和终端间接与消费者发生关联，间接连接也决定了传播上只能采取一对多的灌输式教育。

粉丝营销与传统营销最大的区别就在于品牌与用户的关系，从交易变为交往，从弱关联变为强关联。但这种关系思维的影响远远不止品牌营销层面，未来必将从前端慢慢向后端渗透，直到贯穿整个企业运营的价值链。

除了营销上的用户粉丝化之外，粉丝思维还将体现在以下层面。

员工粉丝化：就是把企业员工转化为产品或者企业创始人的粉丝。员工是离产品和品牌最近的人，他们最有发言权，也最容易产生口碑。如果能让员工认同企业的价值观，成为企业的粉丝，不仅可以带来口碑传播效应，而且可以让其发自内心地热爱企业，并转化为统一的行动，在思想理念与企业战略方向上保持步调一致。这有利于激发员工的工作积极性和自觉性，对于企业管理也大有裨益。

我们始终认为，员工粉丝化是粉丝营销的起点，如果连内部员工都转化不成自己的粉丝，又如何奢求顾客成为你的粉丝？

渠道粉丝化：顾名思义，就是把上下游的供应商和销售商变成自己的粉丝。传统的渠道关系是利益捆绑的，古人云：以利相交，利尽则散；唯以心相交，方能成其久远。

所以，利益关系是极其脆弱的，品牌强势时，因为丰厚的利润，渠道商唯厂商马首是瞻，一旦品牌下滑，渠道商则会掉头就走，甚至转投竞争对手，落井下石，这样的例子数不胜数。

如何才能与渠道商建立长久牢固的关系？答案就是把他们变成品牌或者创始人的粉丝。

粉丝化是基于价值观认同和情感共鸣而产生的强关联，以利益为基础，但又超越于利益之上。比如，樊登读书会的代理商就是由其粉丝孵化而来的，代理商销售读书会的产品不仅仅是为了商业利益，更是基于对"让3亿国人养成读书习惯"的价值观和社会使命的认同，所以，该渠道体系看似松散，却异常牢固，樊登不需要像传统厂商那样通过制定各种政策来鞭策他们，而是充分赋能和授权，取得了指数级的快速增长。

此外，以上两个层面的逆向扩展也是成立的，即：粉丝员工化、粉丝渠道化。前面是说把现有的员工和渠道商变为自己的粉丝，其实反过来讲，我们的员工和渠道合作伙伴也可以直接从粉丝中来。

从"得渠道者得天下"到"得草根者得天下"，再到"得粉丝者得天下"，代表的是中国营销的三个发展阶段，分别是：深度分销、流量为王、深度粉销。其背后贯穿的是媒介的变革，更是向"顾客价值""以人为本"等商业本质的回归。

本书正是发端于这种深刻的媒介变革背景之下，既提出了一种新的营销思维，又提供了若干实操方法：第一章主要纠正了粉丝的概念及其对企业和品牌营销的价值；第二章介绍了粉丝营销的三大思维模式；第三章是我们在实战中总结的一套粉丝营销方法论——三大黄金法则；第四章分别从策划、招募、引爆、传播、运营、激活、众筹七个层面介绍了一场粉丝营销活动的立体式闭环；第五章是经典实战案例，从我们操盘过的众多项目中甄选而来，结合前面的理论进行讲解，相信一定会加深你对粉丝营销的理解；第六章既是总结又是展望，介绍了粉丝经济和粉丝营销发生的社会背景，以及从厂商思维到用户思维的转变，指明互联网下半场的竞争中，构建用户信任链将是营销核心。

未来，粉丝将成为品牌最贵的资产，无粉丝不品牌，一个全新的时代正在到来，赶紧开启你的粉丝之旅吧！

目 录
CONTENTS

第 1 章　重新定义粉丝：无粉丝，不品牌

被误解的"粉丝" /003

不可估量的粉丝价值 /009

全粉丝价值链 /016

粉丝赋能：品牌竞争力的来源 /027

粉丝托起的品牌奇迹 /032

第 2 章　粉丝思维：引爆流行的底层逻辑

顾客终身价值与粉丝思维 /043

极致思维：做更好的自己 /048

标杆思维：榜样的力量 /053

换位思维：打破"知识的诅咒" /059

雷神：粉丝思维的胜利 /063

第 3 章　黄金法则：粉丝营销三角法则

圈层：社会化营销的底层逻辑 /071

情感：粉丝运营的关键抓手 /078

参与感：激活粉丝的动力之源 /088

粉丝营销为何"一学就会，一用就错" /095

AKB48 的粉丝经济学 /102

第 4 章　实操攻略：如何运营一场高效的粉丝活动

活动策划：如何打造一场成功的粉丝活动 /113

粉丝招募：到哪里去找你的"真爱粉" /121

粉丝引爆：需要这 6 根"导火索" /129

活动传播：起势之后，如何快速传出去 /133

社群运营"795"定律 /136

粉丝激活：用会员思维管理粉丝 /148

众筹：激活粉丝的力量 /156

第 5 章　经典实战：粉丝与品牌的集体狂欢

自组织运转与"上帝"推动：中粮腰果 /165

从寻找粉丝到制造粉丝：炸弹二锅头 /172

以员工为粉丝砌筑圈层：千年汾酒 /181

打造击穿时空的超级 IP：姜太公 /186

情感信任激活千万众筹：三个爸爸 /192

圈层思维下的即刻爆：联想 NEWIFI/202

私密产品的情感突围：日子卫生巾 /208

"饺子侠"引爆区域品牌：船歌鱼水饺 /216

第 6 章　深度粉销：打造信任链的新逻辑

传统深度分销体系走向末路 /227

从消费者到粉丝 /232

从"厂商思维"到"用户思维"/236

互联网下半场，用粉丝重塑信任链 /242

新的信息传播路径下，如何打造品牌 /247

后记 /256

第*1*章

重新定义粉丝：

无粉丝，不品牌

∨∨
∨

SUMMARY

粉丝是什么？

追星族？消费者？重度消费者？超级用户？公众号订阅者？……可能很多人都有自己的答案。

这些都可能是，但又都可能不是。用一句话来定义：粉丝就是支持者，是与你有情感连接的人或组织。

凯文·凯利有一个"一千铁杆粉丝原理"，即：一个艺人只要有1000名铁杆粉丝，就可以衣食无忧。可见，粉丝的贡献力是惊人的。可能很多人想象不到，微博粉丝4000多万的鹿晗，其核心粉丝才300多人，但这几百人却影响和创造了千万甚至是上亿人的市场规模。

同样，在营销界也有一批靠粉丝博得"C位"的品牌，比如苹果、小米、可口可乐、supreme、AJ……"无粉丝，不品牌"，正在这个新时代成为企业主体不得不去正视的严酷现实。

被误解的"粉丝"

王俊凯18岁生日粉丝应援

2017年9月21日是"TFBOYS"成员王俊凯的18岁生日，他的粉丝在9月伊始就陆续在国内外开启"霸屏模式"，为庆祝其18岁生日做了很多应援项目，包括公益事件和形象宣传，生日应援范围之广、影响力之深已引起国民关注。

北京时间9月21日（洛杉矶时间9月20日），王俊凯37站粉丝联合，在美国洛杉矶以"天空与大地，一起见证我爱你"为主题进行陆空双料应援。天空应援是在好莱坞上空3千米，用SKYTYPING的形式送出生日祝福。SKYTYPING是指飞机在空中用喷射气体喷出设定字样，每个字母的大小相当于一栋帝国大厦的大小。五架飞机在天空重复书写生日祝福18次，每次字样在天空持续5~7分钟。据悉，这是全球首例粉丝SKYTYPING应援，王俊凯也是第一位名字被写在好莱坞上空的中国明星。

陆地应援在洛杉矶当地最著名的文化娱乐中心——L.A.LIVE进行，那里是格莱美、艾美奖等活动的主办场所，更是各大红毯及首映礼的不二举办地，NBA球赛主场、微软广场等也都坐落于此。在这个人流量巨大的黄金地段，王俊凯的粉丝们包下L.A.LIVE所有的LED屏幕，全天24小时滚动播放王俊凯的生日祝贺视频。

从天空到大地，粉丝用心策划的双料应援几近专业水准，从洛杉矶的网友反馈的实景图片来看，引起不小热议。

看到这样的新闻，你有何感想？是不是也在惊叹粉丝的力量之巨大？硅谷精神"教父"、《连线》杂志创始主编凯文·凯利 (KK) 在其《技术元素》一书中曾经说过："如果一个艺术家拥有 1000 名铁杆粉丝，就可以衣食无忧。"这就是著名的"一千铁杆粉丝原理"。其实，核心粉丝根本不需要这么多，几百名足矣。微博粉丝 4000 多万的鹿晗，其核心粉丝才 300 多人，但这几百人却影响和创造了千万甚至是上亿流量的市场规模。

粉丝也被称为"拥趸"，简单来说，就是认同你的价值观和文化，喜欢你、支持你、追随你，并到处宣扬和赞美你的人。在这个以"人"为本的新商业时代，粉丝无论对个人还是企业而言，无疑都是一笔宝贵的财富。因此，如何获得用户的好感和信任，如何将用户转化为粉丝，就成了很多企业迫在眉睫的事情。

然而，很多企业对粉丝却存在着种种误解。

误解一：粉丝 = 用户

在参加一个主流媒体的讨论会时，曾有人向我提问："我们栏目的微信公众号有 400 万粉丝，怎么发动？"这是最典型的误区。自媒体运营领域，很多大号动辄就有几十上百万的订阅者，这些人算不算他们的粉丝？按照通常的理解，肯定是了。但是很抱歉，这些人还真不一定是，大部分人都只是单纯的订阅用户，不是粉丝。

这是典型的流量思维。在 PC 时代，有了流量就有了品牌曝光度，流量意味着一切。但随着移动互联网的崛起，用户越来越多地从 PC 端向移动端迁移，流量不再集中于 BAT 等巨头的手里，入口开始分散，用户也开始细分和垂直。在这样的社会背景下，流量的获取成本逐渐增长，而转化率却一落千丈，企业营销必须正视现状做出策略调整，即从流量思维转变为粉丝思维。

那么，流量思维与粉丝思维的差别到底在哪？简单来说，流量思维是流量越多越好，而粉丝思维的重点则在于追求用户的精准性和转化率，而不是盲目追求数量。不能为了提升流量而盲目引流，而是要寻找你的精准消费群体。不仅引流，还要想办法将手上的流量变成用户、客户。目标群体之外的流量是没有任何价值的，即使来了，最终也会走，这只会增加运营成本。

当下，很多企业就是走入了这样的误区，单纯地将粉丝看作流量。为了引流搞补贴大战，最后发现引来的人群没有任何忠诚度，纯粹是烧钱烧来的，没有任何意义。

所以，粉丝运营一定要细分人群，能够变为直接可联系的用户才有价值，而只有产生情感链并能够调动起来的才叫粉丝。

误解二：粉丝 = "脑残粉"

很多人和企业对粉丝的理解还停留在 20 世纪的娱乐圈。在他们眼里，粉丝就等于追星族甚至 "脑残粉"，明星高高在上，一呼百应，粉丝歇斯底里，亦步亦趋。

但随着《超级女声》等养成式造星模式的出现，粉丝与偶像之间的关系也发生了大逆转。偶像开始走下 "神坛"，粉丝的主体意识、决策权和话语权越来越高。换句话说，"粉丝" 这个词的含义逐渐由一个符号、标签变成一个活生生的、有个性和欲求的人。

如今，越来越多偶像的产生和发展都和粉丝的支持息息相关。

比如日本超大型偶像团体 AKB48 的成员就由粉丝投票产生，并且每过一段时间就会在成员之间进行 PK，如果得不到粉丝足够多的支持就会降级甚至被淘汰。

关于粉丝主权，还有一个例子更引人关注。当红明星李易峰的粉丝自称 "蜜蜂"，由于种种原因，"蜜蜂" 们对李易峰当时的经纪人董可妍表示出了强烈的不满，导致董可妍直接被李易峰的经纪公司替换；之后，在"蜜蜂"们的强大压力下，李易峰的助理也不得不被替换，其宣传团队在宣传总监的带领下，集体宣布辞职；该公司副总贾士凯，在面对李易峰全国巡演时所做的应对措施没能取得"蜜蜂"们的满意，也被迫离职。

这种现象也蔓延到品牌传播中，表现为粉丝的参与意识越来越强烈，和以往站在远处尖叫的情景相比，越来越多的粉丝要求参与到品牌的决策当中。尽管很多企业的营销高管都曾熟读黎万强的《参与感》一书，但对于"参与感"的真谛却依然熟视无睹。

他们大多只把粉丝当作品牌传播的工具，习惯于传统品牌思维中偶像高高在上的观念，只有在需要的时候才和粉丝进行互动，否则并不会给予该群体过多的关注。在粉丝当道的互联网社会，这明显是行不通的。我们应当认识到，品牌与今天的偶像一样，只有走下"神坛"，不再高高在上，才能与粉丝成为朋友。另外，我们还必须了解粉丝强大的自组织能力，他们并非某些人认为的"乌合之众"。

企业在粉丝运营中通常会存在这样一个误区。在他们眼里，粉丝之间是没有差别的，或者说差别不大，他们误认为粉丝是因为共同的兴趣和价值观或者同一个品牌产品而汇聚在一起的松散群体，这种认识是极其错误的。

实际上，不仅粉丝团体之间在文化和价值观上存在着巨大的差异（如"米粉"与"果粉"），同一粉丝团体内部也呈现圈层化，他们有组织、有分工。例如遍布全国各地的吴晓波读书会，每个读书会都有一个"班长"，负责社群的管理和活动的组织，这部分人往往威望较高或者与偶像本人、偶像经纪人有着良好的私人关系，在粉丝圈里被称为"大神"。大神下面有技术大神和资源大神，他们通常是具备某种专业技能或者能够挖到资源的粉丝。除此之外还有资深粉丝、活跃粉丝、普通粉丝等。

他们有阶层，也有不同的分工和组织协作，有些团体组织的严密程度简直让人叹为观止。

据了解，当红艺人鹿晗的粉丝团中，包含产品部、市场部及公关部等多个部门，每个部门下又根据职责设置了不同的分组，比如产品部，又被划分成资源组、设计组等多个小组。根据粉丝专业、职业和特长的不同，将其划归到不同的部门，大家各司其职，协同作战。据了解，在鹿晗参演的爱情喜剧电影《重返20岁》上映期间，其粉丝就曾自发策划组织了一场"为鹿晗包下100座城市电影院"活动，号召买票者"请身边的亲友观看电影"。这场活动迅速形成了一种病毒式的传播，其专业程度令人惊讶不已。

由此可见，部分粉丝的专业能力和组织能力是绝对不可小觑的。因此，企业不能再用平行的眼光来看粉丝，而应当学会充分利用这种自然形成的组织和分工，使不同粉丝的优势和特点发挥到最大，并有针对性地投放资源进行引导。

误解三：粉丝 = 客户

传统商业思维认为，只有花钱购买产品的人才会跟品牌发生关系，这是典型的"客户思维"，而在移动互联网时代，我们提倡"用户思维"。"客户"与"用户"有什么区别？用一句话解释就是：客户是购买你的产品的人，但不一定使用产品，也就是我们所说的消费者；而用户是使用和传播你的产品的人，但不一定是购买者。消费者和用户都可能转为粉丝。

时至今日，仍然有很多传统企业错误地将粉丝与消费者混为一谈，比如做产品社群就简单地把消费者拉到一起，这其实不是粉丝群，而是消费群。如果这些消费者没有共同的价值观，没有认同你的文化理念，那么对企业和品牌就没有任何价值，甚至会演变为投诉群，成为企业的噩梦。

粉丝是什么？用一句话来概括：粉丝即为支持者。首先，粉丝认同你的文化和价值观，而不仅仅是购买过你的产品；其次，粉丝是从情感和行动上给予你无偿支持的人或者组织，他们不仅会持续购买你的产品，还会贡献自己的时间、精力以及影响力，会成为你的义工和宣传员，免费传播你的产品。

不可估量的粉丝价值

粉丝经济盛行的时代，一些企业走到了时代的前端，凭借灵敏的反应和市场能力，借力粉丝的力量，一跃成为行业的佼佼者。除了众所周知的苹果、小米外，粉丝群体的力量还直接成就了"罗辑思维""papi 酱"等内容创业者；"伏牛堂"硕士米粉通过社群思维，成功引爆互联网；"雕爷牛腩"孟醒、"外婆家"吴国平重视和粉丝之间的互动，以此来实现对品牌口碑的引爆……这些都是粉丝经济创造的奇迹。

尽管作为创始人，罗永浩并不愿意承认锤子手机是在做粉丝营销，但是不可否认的是，锤子手机之所以在推出之初便获得了超高的关注度，这与罗永浩个人粉丝的热度有着非常紧密的联系。锤子手机的粉丝，很大程度上就是罗永浩的粉丝。从某种程度上讲，锤子手机在营销上和小米十分类似，只是相对小米，主打"情怀"的锤子手机更富有独特的品牌人格。就连"锤子"这一名字，都被人认为是老罗在西门子砸冰箱时所用锤子的象征。正是出于对罗永浩人格的个人崇拜，才使得这些粉丝对锤子手机怀有一种特殊的情感。

营收价值

营收价值是粉丝经济最直接的体现。粉丝经济里有句话叫"付费才叫真爱"，粉丝的态度都是直接通过"Money"（钱）来表现的，喜欢它就买它，不需要任何理由。

例如，2013年罗辑思维开始推行号称"史上最无理"的付费会员制，5000个普通会员：200元/人；500个铁杆会员：1200元/人。对此，罗振宇的解释是："爱，就供养。不爱，就观望。"很多人正在等着看笑话的时候，结果却出人意料，5500个会员名额只用半天就全部售罄，160万元成功入账。

粉丝规模积累到一定量时，对销量的拉动是非常巨大的。因为粉丝是你最精准的目标消费者，他们往往是你产品的第一批用户。每当新品发布，他们都会率先尝试。因此，只要维系好品牌与粉丝的关系，就不用再为销量苦恼。

此外，一旦品牌与粉丝之间成功建立起情感维系，还可以带动其他新产品和业务的拓展。比如小米在手机取得成功之后接连推出了手环、电视、空气净化器，甚至电饭煲等。只要是小米推出的东西，"米粉"们都坚决支持，这种"爱屋及乌"的黏性思维为品牌的商业模式跨界和想象带来了无限的延展性。于是我们看到，罗辑思维卖月饼，而吴晓波则卖起了杨梅树。

口碑价值

口碑，是粉丝贡献给品牌的最大价值。俗话说"金杯银杯，不如口碑"，这句话在社交电商时代更是得到了淋漓尽致的体现。

社交电商时代最大的特点就是传统广告的没落和自媒体的崛起。消费者对于传统广告已经产生了抵触心理，他们更愿意相信身边人的推荐，口碑在购买决策中的重要性越来越凸显，自媒体的崛起，更是将这种作用无限放大。

口碑价值的凸显是由当前"80后""90后"新兴消费群体的特性决定的。社交时代，消费已经变成了一种表达，这些年轻消费者选择产品的标准不再限于产品本身的功能和特性，而更看重这款产品带给他们的精神体验和社交价值。当产品消费由物质层面上升到精神层面时，品牌就成为一种社交货币，成为消费者自身价值观和态度的传播载体。

比如，我们翻一下自己的微信朋友圈就会发现，消费行为已经逐渐脱离其原本的含义。"晒"已成为现代年轻人消费行为中非常重要的一部分，好像很多人买产品就是为了"晒"，产品能解决的实际问题反而显得并不那么重要。

自媒体为人们发布信息提供了极大的便利性，这也激发了人们表达的欲望，关于品牌的观点和看法也更容易得到传播。在口碑为王的时代，可以想见，这种助推的力量有多么巨大。

渠道价值

传统商业模式中，渠道与传播是分开的，渠道在"地下"，传播在"天上"。而进入社交电商时代，渠道与传播合二为一，粉丝集合两种功能于一体，既可以是传播者和购买者，也可以成为产品的分销者。粉丝经济的最高境界就是"让粉丝成为员工"。

伴随微商的崛起，粉丝的渠道价值更加凸显，千千万万个粉丝可以搭建起一个庞大的销售网络，通过层层分销将你的产品送到世界上的任何角落。比如，针对某款产品，你拥有 10 个专门的总代理，而这些总代理底下，每个人又都拥有一级代理至少 20 人，每个一级代理的朋友圈好友至少 500 人，这些经销商的微信影响人群就达到了 10 万人。10 万人是什么概念？相当于一个都市主流报纸的读者数量！这还没有把其他渠道和二次传播计算在内。

在用户渠道化、粉丝渠道化方面，海尔是最为典型的一个案例。

　　海尔从一个传统制造企业转型互联网的过程中，遇到了很多问题，其中一个问题就是转化率和复购率低。最开始，他们的购买转化率一般维持在 0.8%，运营活动做得比较好的时候可以提升到 1.2%，而有时候还会掉到 0.3%；复购率通常也只在 13%~15% 的水平。

　　为了改善这种状况，海尔提出了"创客计划"，即从现有的忠诚用户入手，激活他们，让他们成为海尔的销售渠道，去影响身边的人。

　　图 1-1 就是当时海尔设计的一个信任关系圈，从里到外是从强到弱的信任关系。电商的普遍特点是人员变动比较大，但是内部员工即便离职了，也是非常忠诚的，所以海尔把人员的变动当作一个突破口。

海尔

目的：高转化率（21%）

高复购率（43%）

强

弱

内部员工、家人、亲戚、以前同事、同学、亲戚朋友

认识的人

大众

图 1-1　海尔信任关系图

　　整个海尔集团一共有 8 万人，假设每年流失掉 10% 左右的人，也有 8000 人，这个群体非常大，而且他们身边的家人、亲戚、朋友、同学、同事等，都会因为他们现在或者曾经是海尔的员工而对他们怀有强烈的信任感。相信大家都会有这样的经历，知道自己的某个亲戚或者朋友在海尔这种家电公司工作，就会很自然地请他帮忙挑选和购买家电。所以海尔把内部员工和他们身边具有强关系的人划在信任圈的第二环，属于关系圈的核心层，他们是整个渠道裂变体系

的原始动力。

第三环就是第二环身边强关系的人，这样一环扣一环，就能覆盖到大量的人群，直到第四环普通大众。

我们看到，海尔的"创客计划"就是粉丝（员工、忠诚用户）渠道化，把千千万万的粉丝变成自己的终端，拉到海尔顺逛商城，成为微店主，而且相比传统有形终端，他们自带关系链和黏性。

截至 2018 年 9 月，顺逛平台已实现聚合微店主 140 万人，聚合线下店 3 万家，聚合社群千万个。经过 3 年的发展，顺逛已成为中国第一的社群经济平台，2018 年全年成交总额预计突破 100 亿元。通过社群交互诚信经营，海尔顺逛商城的转化率已经达到了 21%，复购率达到了 43%。

社交电商时代，企业的渠道有逐步社会化发展的趋势，未来买卖之间的界限将越来越模糊，品牌如果能充分利用粉丝的渠道价值，将大大增强品牌的竞争力。

内容价值

纵观商业的发展史，我们会发现这样一个现象：交易的入口都是由当时的稀缺资源决定的，比如在 PC 电商时代，流量是稀缺的，所以流量是交易的入口。进入社交电商时代，流量不再垄断在少数人手中，而内容，尤其是优质内容成为稀缺资源，所以头部内容就成为交易入口。

我们正处在一个内容为王的时代。内容，特别是富有价值的内容是当前推广一款产品最为有效的方式。这种价值可以是实用价值，也可以是精神层面的价值，比如趣味性、心灵鸡汤等，通过对一些有实用价值的视频、文章以及趣味性较强的漫画的创作，为用户提供价值。要知道，吸引用户最为有效的方式就是为其提供他们真正需要的内容，然后利用这些有价值的内容建立和客户之间的联系，之后向其进行产品推销就成了水到渠成、顺理成章的事情了。

但是，优质的内容应该如何产生，又应该如何实现对内容和话题的持续创造呢？一个有效的解决途径就是 UGC（User Generated Content，用户原创内容），即借助粉丝的集体智慧。很多好的创意和内容都是在与粉丝的互动中生成的。

UGC 可以为品牌提供持续的传播素材，由粉丝互动产生的内容也通常更有话题性和相关性，更能调动粉丝参与的热度，而且还能让粉丝感受到成就感。

目前很多自媒体大号都已经开始采取这样的方式来创造内容。比如，罗辑思维每天的 60 秒语音，其话题就是从社群的互动中抓取出来的；有的公众号会定期发布读者问卷调查，以从中获取话题点和创意灵感，有时甚至直接向读者约稿。

封测价值

封测价值，也是粉丝的重要价值之一。传统市场调研中，我们往往会碰到这样的问题：花费了很长时间，消耗了大量的人力和财力做市场调查，结果按照报告的结论做出的产品，消费者却不买账。为什么会出现这样的情况？

主要原因在于，传统的调研往往采取的是非精准的撒网方式，其所抽取的调查样本 90% 都不是真正的客户群，所以结果与实际情况往往大相径庭。而进入粉丝经济时代则很好地解决了这一问题。粉丝营销中，非常重要的一个价值就是打通了品牌与目标用户之间的关联，为品牌提供了一条与目标用户群体直接沟通的渠道，使其能够准确预判市场的反应，从而避免不必要的损失。

小米的成功就是得益于其对粉丝建议的重视。从研发、设计到生产，小米的整个流程都是向粉丝开放的，粉丝的建议通常可以得到快速回应，直到目前，小米手机系统还保持着每周更新一次的频率。

与之相似的还有中国游戏本第一品牌"雷神"。雷神号称"从 3 万差评中诞生"，可见其非常重视与用户的交互和沟通。他们有一条不成文的产品"宪法"：无交互不开发，无公测不上市。足见他们对粉丝封测的重视。

事实上，我们所做的每一次社群营销活动，都可以成功找到一批精准目标用户。然后再通过为其发放体验装收集建议，了解他们的潜在需求。从根本上讲，社群营销的过程就是产品封测的过程，因为社群成员都是我们精挑细选出来的目标用户，所以他们的建议和反馈更加可靠，如果产品在社群中的反响一般，那么品牌就可以考虑放弃这款产品或者转换研发的方向。

封测，是新品上市前一个很重要的步骤，也是粉丝和社群营销的重要使命。

全粉丝价值链

在大多数情况下，我们对"粉丝"这一概念的理解是不准确的，甚至有些人不屑于去谈，认为粉丝就是"脑残""低端化"，难登大雅之堂。正是这些误解，才导致我们现如今营销理念的滞后。移动互联网时代，从深度分销向深度粉销的升级迭代是必然趋势，我们必须认识到，粉丝已经不仅仅是一个娱乐概念，而是逐渐演变为一种核心的商业思维：用户经营需要粉丝思维（用户粉丝化），员工管理需要粉丝思维（员工粉丝化），渠道管理也需要粉丝思维（渠道粉丝化）。

用户粉丝化是本书的重点内容，在此不再赘述，这里重点介绍一下后面两种粉丝思维的运用。

员工粉丝化：内无粉丝，外无品牌

1990 年，美国密西根大学商学院教授普拉哈拉德和伦敦商学院教授哈默尔，在哈佛商业评论上发表的论文《企业核心竞争力》中，正式提出了企业核心竞争力的概念，并将核心竞争力分为两类：其一，企业整合外部资源的能力，包括整合政府资源、渠道资源、上下游资源、客户资源等；其二，企业整合内部资源的能力，包括提升企业人力资本、企业文化、流程管理等。

从某种意义上而言，整合内部资源的能力比整合外部资源的能力更加重要。中国企业创立之初，主要依靠的是整合外部资源的能力，简单来说，就是通过抓住机会，而非弥补缺陷获得成功。随着中国市场的成熟，很多中国企业驱动力的重心已经从整合外部资源转向整合内部资源，内生式增长已经成为中国企业未来的主要驱动力。正如华为总裁任正非所说："华为在没有外部优势的情况下，所依赖的只能是内部员工的智慧。"

而事实上，很多打算做社会化媒体或者深度粉销的企业却常常忽略了内部的资源整合：这些企业一方面在粉丝社群的大趋势之下，将建立粉丝社群作为KPI（Key Performance Indicators，关键绩效指标）；另一个方面，却对丰富的内部资源视而不见，甚至在有些企业内部，没有一名员工是企业的产品或者品牌的粉丝。

我们认为，一家企业建立外部粉丝，并在此基础上建立外部社区的前提，首先是要有内部粉丝。道理是显而易见的，如果你的员工都不能成为企业的粉丝，那又如何奢求顾客成为企业的粉丝呢？

1. 内部粉丝影响外部粉丝

事实上，从某种角度来看，营销的过程就是粉丝裂变的过程：粉丝从0到1，再到100、1000……从本质上讲，内部粉丝和外部粉丝是一致的，内部粉丝是整个粉丝裂变的原动力，内部粉丝的裂变可以带动外部粉丝的裂变。任何一家企业，通常都是先有企业内部粉丝，然后再有外部粉丝，利用内部粉丝实现对外部粉丝的影响。"内无粉丝，外无品牌"是社交媒体时代的营销铁律。

熟悉我的朋友可能了解，在过去的几年里，我们团队一直围绕着三个关键词：粉丝、社群、众筹。实际上，这三个词是我们围绕用户层面提出来的——"用户的粉丝，用户的社群，用户的众筹"。

攘外必先安内，如果没有内部的粉丝、内部的社群以及内部的众筹，我们怎么去影响外围呢？

我曾经提出：用户运营层面，可分为核心层、影响层和外围层。核心层的关键点是在企业或品牌的内部，也就是企业内部粉丝和内部社群的运营。这当然包括我们的团队。要有员工相关的内部社群，员工首先要成为自己品牌的粉丝、产品的粉丝。

在内部社群的基础上，才能通过员工对产品的爱去影响外部社群，去影响我们的用户（见图1-2）。请相信，人们对产品的热爱总是会传染的，这是我们团队历次成功服务企业的源头活水。

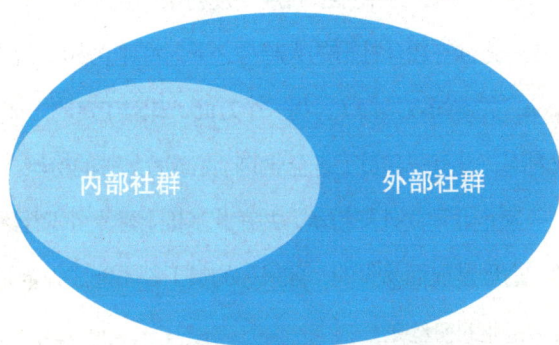

图1-2　内部社群影响外部社群

2. 内部粉丝如何打造

对于企业内部粉丝的打造，我们要注意以下三个方面。

（1）内部粉丝的建立和企业文化价值观的树立息息相关

内部粉丝虽然是一个新的概念，但企业内部或者企业领导人的粉丝并不是现在才有的。过去，我们将对企业文化高度认同的员工称为粉丝。尽管企业文化可能是企业管理工作中提及率最高的词汇之一，但究竟什么是企业文化，很多人却莫衷一是。

美国管理学家威廉·大内在其经典著作《Z理论——美国企业界怎样迎接日本的挑战》一书中指出，企业文化即确定企业行为方式的价值观。另外两位美国学者特雷斯·迪尔与阿伦·肯尼迪在《企业文化》一书中指出，企业文化应当有别于企业的制度，要有一套自己的要素，即价值观、英雄人物、典礼以及仪式、文化网络等。

企业文化通常是一家企业最核心的竞争力，但企业文化如何落地，通常是企业难以把握的问题。虽然很多企业认同文化是企业的核心竞争力，但同时也感觉到了企业文化的难以把握，这使得企业文化在很多企业沦为墙上的标语和口号。

基于本书的核心观点，我们认为，在社交媒体时代，企业文化落地的抓手就是打造企业领袖，换个角度说，就是培养企业自身的粉丝。因此，从这个意义上看，粉丝就是决定企业核心竞争力强弱的决定性力量。

简单来说，企业文化构建和落地的过程，就是企业打造内部粉丝的过程。如果员工将企业或者企业领导人当作偶像，就会发自内心地热爱企业，并转化为统一的行动，在思想理念与企业战略方向上保持步调一致。因此，企业想要实现内部粉丝的成功转化和培养，首先就必须要确立一个能够得到所有员工认可的价值观。

在对公司进行管理的过程中，我一直非常注重对企业价值观的树立。在粉丝工场，我们拥有自己独特的内部文化手册，提倡团队所有成员秉承海贼王"互为羁绊、相互信任、永不言弃"的精神去工作，如图1-3所示。无论是内部原则、外部沟通还是做人、做事上，都对自己进行严格的约束。正是在这样的价值观引导下，我们的团队才能始终保持奋发向上的活力，不断向前。

海贼王精神： 互为羁绊 相互信任 永不言弃

梦想 伙伴 战斗

梦想：不虚，不嘲，不背离
伙伴：不坑，不弃，不怀疑
战斗：不逃，不停，不抱怨

图1-3 粉丝工场海贼王文化

我以前提出的"品牌粉丝化"，其实是需要团队支撑或者是企业内部社群支撑的。企业的员工团队或者所谓的"核心圈"，才是一个品牌基本粉丝盘的核心。而相同的价值观，则是企业打造内部粉丝的基础。

（2）让员工充分参与内部经营

参与感营销是企业获得粉丝的重要手段，这一点在企业内部社群的建立上同样适用。要想赢得员工对企业的充分认可，使其成功转化为企业的忠实粉丝，企业就必须增加员工的企业责任感，落实员工的主人翁地位，充分调动其工作积极性，使其参与到内部经营中。在这一点上，虹夕诺雅负责人星野佳路做得十分出色。

有着极致之美的虹夕诺雅坐落于一片寂静的山谷里，是日本当前顶级的度假酒店。事实上，这家成立于1914年，有着百余年历史的酒店并不是一直如此辉煌的。二十多年前，星野佳路刚刚进入公司时，虹夕诺雅正面临着巨大的生存危机。

星野佳路深知，人永远是企业的核心。在接手公司管理之后，星野佳路为吸引更多的人才，专门精心打造了一个可以让员工参与经营管理、享受工作的环境，他鼓励一线员工提出自己的创新点子。在虹夕诺雅，哪怕是一名清洁工人，都可以随时提出自己的建议。

除此之外，星野佳路还给予员工每年两次提名自己升迁和调职的机会，这为员工提供了足够的自由和发展空间，让员工感受到了足够的重视，因此员工更加积极地投入到工作中，提出一系列别出心裁的建议。比如，化腐朽为神奇的"雨天活动方案"以及星野集团最受欢迎的"最接近天堂的咖啡厅"项目，均来自酒店普通员工的想法。

（3）企业要成为赋能型组织

阿里巴巴执行副总裁曾鸣教授在为《重新定义公司》撰写的序中提到："未来组织最重要的职能是赋能，而不再是管理或激励。"

"赋能"最早是积极心理学中的一个名词，旨在通过言行、态度、环境的改变给予他人正能量。后来被广泛应用于商业和管理学，其理论内涵是企业由上而下地释放权力，尤其是员工们自主工作的权力，通过去中心化的方式驱动企业组织扁平化，最大限度发挥个人才智和潜能。

企业如果想把员工转化为自己的粉丝，就必须成为赋能型组织，具备赋能思维。

赋能思维即充分放权和尊重个体价值。工业时代的组织是职能组织，是落实最高领导者既定战略的机器。组织把员工假设成工具，号召员工做革命的螺丝钉。福特甚至抱怨："我只需要雇用一双手，却必须雇用一个人。"

而在赋能组织中，领导者要把每个员工当成事业合伙人，给他们营造创业的机制和在业务中成长的机会，帮助他们成功和实现个人价值。

只有关注员工成长，个体目标与组织目标真正达成一致时，才会形成价值认同和情感连接，组织和个体的活力才能最大化地被激发出来。

粉丝的影响和价值无处不在。我们可以将粉丝思维用于营销中，同样也可以用于组织管理中。"内无粉丝，外无品牌"，已经成为互联网时代企业不可忽视的商业定律。

渠道粉丝化：共生才能共赢

未来，粉丝思维将成为一种核心的商业思维。因此，我们对粉丝的讨论不应仅仅局限于对用户的营销层面（用户粉丝化），也不能局限于员工管理（员工粉丝化），而应该进一步放大和延展，延伸到整个产业链合作关系的管理，延伸到整个价值链（渠道粉丝化）。

这里重点介绍一下渠道粉丝化如何实现。

众所周知，传统的上下游关系中，上游往往占主导地位，态度更为强势，C 端品牌往往夹在上游供应商与消费者之间两头受气。

要改变这种局面，就需要借助粉丝思维，变交易导向为用户导向，上下游企业共享粉丝，互为支持者，共同为最终消费者负责。以共同的用户／粉丝为基础，上下游之间才能结成利益共同体，抱团发展。

比如，虎邦辣酱就是运用粉丝思维运营上下游关系的成功案例。

2016年上半年，虎邦辣酱找到外卖渠道这一突破口之后，开始专注推进渠道开发，半年的时间，开发了近2万家终端。然而铺货之后发现还是难以动销，很多商家简单尝试之后就把他们的产品下架了。他们逐渐意识到，辣酱不像餐盒之类的产品，餐盒是直接消耗品，厂家和商家是一种简单的采购关系，而销售辣酱涉及复杂的采购关系，如果不能有效地与商家的运营结合，那么经营结果差别是很大的。

那么，怎么才能与外卖商家深度捆绑呢？答案就是把自己定位为一个"超级联结者"，融入整个外卖生态，与商家互为支持者。

比如，在运营中，他们将辣酱的运营整体糅合到外卖商家的菜单之中，与外卖商家的整体菜品结构、平台活动、满减政策进行匹配。

与此同时，为了更好地赢得商家的好感和信任，他们先后整合了十余家外卖平台和外卖商家资源，组织了广州、郑州、沈阳等多地的外卖沙龙活动，邀请不同领域专家对外卖商家进行多角度的知识传播。在各地，虎邦团队还建立了专门服务于商家的社群，传播外卖知识，对称行业信息，并给商家提供诸如代运营、视图制作、法务支持、财务等方面的服务。他们把这些作为自己的产品来研究、经营。

通过这种先人后己的自我奉献精神，虎邦辣酱在整个外卖行业树立起了良好的声誉，不少商家转化成了他们的粉丝。虎邦不仅实现了与商家的深度捆绑，也有了商家的资源倾斜和背书，拉动了销量，也带来了更多的粉丝。

江小白的"全粉丝价值链"

从创立之初就有人预测，江小白这家企业的寿命不会超过3年，甚至有人预测更短，但到2018年，江小白已经迎来了第7个年头，不仅没有倒闭，反而在全国化和国际化的路上一路狂奔，一年时间拿下了全国60%的市场，达到10亿级的体量规模，并且在国外品酒大赛中屡获大奖。

白酒专家牛恩坤老师说，自2010年后，白酒行业就没诞生过新的企业，江小白是唯一一个。一面背负着众人的质疑甚至谩骂，一面却夺路狂飙，让人不禁疑惑：江小白的核心竞争力到底是什么？

先从陶石泉办公室挂着的一幅字说起。

这幅字就是"近悦远来"。陶石泉在多种场合多次提起这四个字，可见它已经不仅仅是挂在他办公室里的一幅艺术品，而是已经上升和内化为这家企业的价值观和文化。

百度上对这个成语的解释是：使近处的人受到好处而高兴，远方的人闻风就会前来投奔。该成语出自《论语·子路》："叶公问政。子曰：'近者说（悦），远者来。'"（译文：叶公问怎样治理政事。孔子说："让国内的人喜悦，让国外的人来投奔。"）

言下之意就是，先服务好国内的百姓，让国内的老百姓说好，通过口碑传播吸引其他国家的人来投奔——这不正是我们所一直倡导和践行的粉丝思维吗？没想到粉丝营销的历史可以追溯这么久远，更没想到江小白的成功实践与我们竟如此英雄所见略同。

江小白的成功也正是灵活运用这种智慧的结果。

首先是渠道开发上的运用。

创业前三年，江小白在四川、重庆发展，全国很多客户过来找他们合作，主动送上门的生意，这在其他厂家看来简直是美事一桩，但都被陶石泉婉拒了，因为他觉得以当时江小白的能力只能服务好本地的客户，过早地分散资源和精力会导致现有客户的体验和生意受到影响。

先做好本地市场，再通过本地客户的口碑吸引外地客商，这是近悦远来思想在商业上最典型的运用。

据陶石泉讲，江小白几乎不主动去招商，都是老客户介绍来的，现在老的客户百分之九十九以上都是赚钱的，从来没有往渠道上压过一次货。

这与其他厂商对待渠道的急功近利完全不同，因为陶石泉明白，只有良性的循环经营，良好的市场动销，持续的盈利模式，才能吸引新的和更多的客户，厂商关系才会更加牢固。

发动渠道口碑来招商，换作我们粉丝营销的术语，叫作"渠道粉丝化"。

其次是在品牌营销上的运用。

江小白发展的最初几年一直在深耕川渝本地市场，其用户开发和传播当然也主要针对本地消费者，这是"近悦远来"在第一个层面上的运用。

随着江小白的全国化发展布局的展开，近悦远来思想又有了新的外延：突破地理位置的远近，将"近"理解为一小部分目标用户，通过"取悦"他们来撬动更大的用户群体。

江小白选择了年轻人，在白酒行业这是一个绝对小众的群体，但却是江小白成功的关键定位。

对于外界关于江小白"不好喝""酒质不好"的质疑，陶石泉从来不去争论和辩解，因为在他看来这是没有任何意义的，口味因人而异，非常个性化，你不可能生产一款产品满足所有人。

老的那批消费者已经固化了习惯，江小白更在乎新生代的增量市场，年轻人代表的才是未来。用陶石泉的话说，他们是基于当下看未来，基于未来做今天，这是一种倒推的模式，所以在质疑面前，江小白表现出了异乎寻常的淡定，而这种淡定的由来则是背后近悦远来思想支撑起来的战略定力。

"我们只服务喝过江小白、喜欢江小白的客户，服务到位，不用刻意争取不买、不喜欢江小白的客户，维护老客户成本最低，发展新客户代价最大。"陶石泉在一次分享中如是说。

在他看来，只要把现有消费者服务到位，新的消费者自然也会跟随而来，这也是近悦远来的道理。

发动用户口碑来传播，就是我们说的"用户粉丝化"。

最后是员工招聘和培养上的运用。

江小白的人才引进，遵循着一套特有的机制，他们称为"伯乐计划"，又叫"举贤不避亲"，就是发动员工介绍身边的人来江小白，推荐成功还有丰厚的奖励，他们公司的很多员工都是这样介绍过来的。

这里就涉及一个前提，员工为什么要把身边的亲人、朋友推荐过来？一定是他们喜欢这家公司，感受到了这家公司的好，进而产生了情感上的共鸣和价值观的认同。

我曾考察过江小白，江小白的员工对企业文化的认同以及对陶石泉的崇拜之情我们可以处处感受到，接待人员发自内心的热情和微笑，讲解员介绍企业时的自豪，以及现场车间工人对待工作的一丝不苟，都在向我们诉说着他们对企业的热爱。

员工为什么对企业抱有这样的感情？因为认同"自谦、自嘲、自黑、自信、自强，出身平凡但是小我有力量"的小白精神，更因为企业"小材大用，小马奔腾"的用人价值观。在这里，英雄不问出处，年轻人只要有能力，不一定要经验特别丰富，同样可以得到重视和重用。在江小白有很多这样的"90后"走上了中心级领导岗位。

通过文化和价值观的认同与员工建立强关系，而这就是"员工粉丝化"。

当然，江小白的成功绝对没有看上去那么简单，关于它的成功业内也有众多不同的观点，比如它的表达瓶文案，还有人说是它的下盘功夫，把传统的动销铺货等深度分销手段发挥到了极致。

这些分析都对也都不对，因为它们只代表了冰山一角，刘春雄老师在考察现场后有一句精辟的总结，他说江小白的成功是立体竞争力的成功，而要从根本上溯源一家企业的成功基因，必须要有战略和文化的高度，无论表达瓶也好，深度分销也罢，都可以统领在近悦远来这一思想之下。

而"近者悦，远者来"正是粉丝营销思维的发端。

粉丝赋能：品牌竞争力的来源

相信粉丝的力量，这是我们一直以来宣传的理念。许多品牌的腾飞正是因为粉丝的赋能，粉丝的价值和贡献已经很难用单一向度来衡量。他们不仅贡献购买力，还贡献传播口碑，有的甚至参与品牌产品的研发设计，在危机时刻还能力挺品牌渡过难关。

我认为未来只有两种品牌：有粉丝的品牌和没有粉丝的品牌。显然，没有粉丝的品牌在竞争中，将会非常被动。

小米：10万义务工程师造就的品牌奇迹

小米是如何获取粉丝赋能的？方法很简单，就是开放流程，让用户参与进来，一起为小米的产品创新和品牌打造献计献策，让它变得更好。雷军说："小米销售的就是参与感。小米的出发点很简单，我们有一个极其清晰的定位，就是聚集这么多人的智慧做大家能够参与的一款手机。这种荣誉感是他们推销小米很重要的动力。"

"米粉"参与主要体现在两个方面：一是在产品上的参与，即和用户互动来做好产品；二是在营销上的参与，即靠用户的口碑来做好传播和营销。

产品参与方面，例如在MIUI论坛，大概有60万发烧友粉丝参与了MIUI手机操作系统的开发和改进；2013年，米粉帮助小米翻译了25个国家的语言版本；MIUI适配了36款机型，米粉适配了143款机型；米粉还帮助小米做了1000套主题、

10000 种问答方案。

黎万强在《参与感》一书中提到，当小米只有 100 个工程师时，就在想能不能有 10 万个工程师来参与 MIUI 的开发，最后真的做到了。今天 MIUI 最核心的工程师有 100 人，核心的边缘是 1000 个荣誉内测组成员，最活跃的是 10 万个开发版用户，最外围的是千万级的稳定版用户。

米粉在营销上的参与就更不用说了，小米在起步时，邀请了 100 位微博"大 V"拍小米微电影，让大 V 成为主角，每个大 V 起码影响数十万人、百万人，让这 100 个大 V 同时传播小米，结果瞬间影响到 1 亿人之多，小米第一次就这么火了。

还有小米的米粉节，包括雷军在内的所有公司高管都必须参加，就是为了表示对粉丝的重视，充分与米粉互动，从而带动线上的话题和口碑传播。2017 年，小米米粉节参与人数超过 3000 万，总销售额达 13.6 亿元。虽然销售数据较往年有所下降，但对于小米来说，米粉节的存在，其品牌公关意义已经远大于销售意义。

坚持与粉丝在一起，就会获得粉丝的赋能，正如雷军在 2017 年，米粉节结束后发的一条微博所言："因为米粉，所以小米，千言万语抵不过一句谢谢！坚持和米粉交朋友，坚持做感动人心、价格厚道的好产品，加油小米！"

吉百利：危急时刻的粉丝应援

粉丝的力量到底有多大？下面这个案例可以告诉你。

如果一家公司因为经营不善而面临倒闭，你作为它曾经的消费者会为它捐款，帮助它渡过难关吗？我想，对于大多数人来讲，答案很可能是否定的，因为这是一件只有风险没有回报的"傻事"。

但这样的"傻事"居然真的在现实中发生了。

吉百利是一家位于新西兰旦尼丁的巧克力工厂，拥有约 150 年的历史。这家工厂不仅以其特色产品出名，而且还有一个世界瞩目的活动：每年举办巧克力豆奔跑大赛（见图 1-4）。该活动每年都会吸引数以万计的人来到旦尼丁，观看在世界上最陡峭的街上巧克力豆喷涌而出的有趣场面。

图 1-4　巧克力奔跑大赛

　　不过 2017 年年初，吉百利母公司宣布，因为成本问题会在 2018 年年初关闭工厂。结果令人想不到的是，在当地议员的号召下，短短两周时间之内，就有 4500 多人参与众筹，筹集到了将近 600 万纽币（一纽币约为 4.5 元人民币），希望用这笔捐款帮助吉百利渡过难关。大部分参与捐款的都是这家公司的粉丝和用户，他们有很多都是从小吃着这家公司的巧克力长大的，所以有着深厚的感情。

　　虽然有消息说，这次众筹并未让这家有着 150 年历史的工厂起死回生，但粉丝的举动还是感动了无数人。

　　无独有偶，2017 年，在国内也发生过一件粉丝应援品牌的事情，就是海底捞的"老鼠门"事件。

　　2017 年 8 月 25 日，海底捞接连有两家门店被卧底记者爆出卫生堪忧，后厨有老鼠出没，对于视卫生如生命的餐饮企业来说，这样的爆料无异于灭顶之灾。但正当大家为海底捞的命运担忧时，剧情却发生了 180 度反转，这则爆料不但没有招来网民的口诛笔伐，反而引来了海底捞众多粉丝的声援，他们不仅找来各种理由为海底捞开脱，还指责卧底记者的行为不道德。更为离奇的是，海底捞不仅没有在此次危机中关门倒闭，反而因其公关表现频频获赞，演化成为一次成功的品牌公关事件。

这都是粉丝赋能带来的神奇魔力。粉丝不仅能在产品和营销上为品牌赋能，帮助它变得更好，而且还可以与品牌患难与共，通过言语和行动为品牌背书，激励它坚定地走下去。同时，粉丝的肯定也可以让品牌和企业员工感受到成就感和价值感，获得源源不断的发展动力。

雷神：吐槽也是种赋能

粉丝的吐槽也是一种赋能，俗话说，"爱之深，责之切"，只有真正爱你的人才敢于指出你的问题，而不怕得罪你。

粉丝的意见可以让品牌及时发现并修正问题，以避免在错误的道路上走得更远。比如，中国游戏本第一品牌雷神的成长就得益于倾听粉丝的意见。

2014年，雷神第一批游戏本上市后，收到了几条用户差评，有用户反映，自己买到的产品的屏幕上偶有亮点出现。其实，按照国家标准，屏幕上的亮点不超过3个是完全合格的，所有品牌都不可避免。但雷神并没有敷衍了事，而是认认真真研究了用户的意见，并做出了改正，他们免费为12位用户更换了无亮点的屏幕，并且向用户承诺此后只生产无亮点的屏幕。

这一举措在行业内引起了很大的震撼，也让更多用户开始对雷神刮目相看，直接刺激了后续的产品销售。

雷神重量级产品911的成功，也离不开粉丝的意见。在产品上市之初，雷神按照惯例对产品进行了一些公测，有用户不满意产品只有一条铜管的设计，并且毫不留情面地表示，如果只有一条铜管的话，就不要上市了，上市了也不会购买。

这一次，雷神还是听从了用户的意见，将单铜管改成了双铜管，虽然耽误了上市时间，但产品一发布就引爆了市场，3000台游戏本10秒钟就被抢购一空。

　　如果没有粉丝的一次次"直言不讳"，雷神不可能从一个海尔内部孵化出来的创业项目，一步步走到今天。

　　粉丝是品牌最宝贵的资产，因为他们不仅是消费者，而且还是品牌的赋能者，可以帮助品牌做更好的自己，飞得更高更远。"无粉丝，不品牌"，这句话正在逐步应验。

粉丝托起的品牌奇迹

伴随互联网、移动互联网的快速发展，消费者的消费权利和个性得以充分释放。而受日益碎片化的渠道以及资讯入口的影响，用户的注意力也变得愈发分散，难以聚焦。在这样的商业背景下，对于任何一家企业来说，想要成功，拥有一批聚焦关注企业品牌的忠实粉丝就显得尤为重要，因此，粉丝忠诚度的构建就成了企业竞争中非常重要的一环。下面这些品牌的成功很大程度上就是得益于此。

苹果的核心竞争力：遍布全球的"果粉"

在飞驰的高铁上，一位乘客享受着数字时代的成果，手臂上带有 Apple Watch Series 2，他时而看看窗外的风景，时而用 MacBook Pro 处理公务，还一边用 iPod shuffle 听着他喜欢的音乐。

无论是工作，还是生活，苹果都已经成为他生命中的一部分。这位乘客，正是一位典型的苹果粉丝，或者说是苹果发烧友。

苹果在全球拥有大量"果粉"。对于遍布全球的"果粉"来说，每年的 9 月都是一个不同寻常的月份，因为在国内有着"科技界春晚"之称的 iPhone 发布会总是会在这个固定时间段举行，堪称最有分量的"粉丝节"。而身为 iOS 操作系统的唯一拥有者，苹果从系统底层搭建到硬件设计再到品牌营销，每一个环节都力求精益求精，这种将产品打磨到极致的精神使得苹果的产品在很长一段时间内都占据业内较高地位，特别是在诸多"果粉"心中，苹果的地位是毋庸置疑的，至少短时间内很难被其他同类产品超越和替代。

在这些忠诚的果粉眼中，似乎苹果怎么做都是正确的：当苹果被史蒂夫·乔布斯设计成"封闭式"生态系统时，粉丝们认为这是乔布斯的真性情体现；而之后，为了迎合市场，乔布斯不得不有所妥协时，粉丝们则赞扬他成熟稳健……而正是由于这种感情联络，使得粉丝们能够容忍并原谅苹果的一些差错，对于该品牌产品的支持和依赖一如既往，帮助苹果公司成功跨越了很多困境。

那么，苹果的庞大粉丝群到底是如何养成的？苹果到底有何魔法可以让粉丝对这样一个手机品牌产生价值认同，并从中找到归属感，甚至对其建立一种崇拜，心甘情愿为价格并不便宜的 Mac、iPhone、iPod 等产品买单？这一切，归根究底，还是离不开苹果成功的品牌营销计谋。

为了能够在众多同质化产品中脱颖而出，苹果从诞生之际便一直追求与众不同的设计和用户情感诉求，为产品赋予产品之外的一些含义，很多时候，消费者选择苹果并不完全出于对产品本身的喜爱，而是借助购买产品为自己贴上一个差异化的标签，比如追求年轻时尚的心态、特立独行的性情或是独特的社会身份等。

而除了和消费者建立情感共识之外，苹果还有一个无往不利的品牌利器——互动体验。苹果不再像工业时代的品牌一样，将消费者当作千人一面、抽象、被动的接受者，而是将他们当作异质化的个体，彼此之间拥有不同特质，会独立思考，并会在社群分享自己的感受，具有人格化特征，是基于以上特征组成的对苹果或乔布斯共同爱好的群体。

在乔布斯看来，消费者购买产品并不意味着购买过程的结束，而是下一次购买过程的开始。因此，苹果注重消费者购买产品之后的 UGC，这种 UGC 将激发更多的外围粉丝，从而不断扩展苹果的外围影响层。

在这一点上，苹果社群旗下的 iTunes 音乐商铺就是一个非常经典的案例。

打开 iTunes，让人最为感动的并非音乐和视频宣传自身，而是里面来自其他用户的各种谈论和感触等信息。在 iTunes 里，当你对某个艺术家或者某张专辑进行查询时，其就会为你在页面较为明显的位置展现出相关的用户谈论。同时，还可以轻松了解"听众还购置了"以及一些最新的盛行歌曲等信息。显然，其他用户的意见在这里更容易影响你的选择。

苹果经过互动销售"苹果文化"，最终培育了大量忠实、有特性、层次较高的苹果粉丝，而果粉最终将苹果推上了巅峰。苹果 2015 财年，营收 2337 亿美元，净利润 534 亿美元！这大大超过了曾经创造辉煌的诺基亚，到达手机行业的新高度。这就是粉丝的力量！

"因为米粉，所以小米"

世界上所有伟大的品牌，都离不开粉丝的持续性支持，品牌和消费者的关系直接决定了这个品牌是否能够长久。比如小米，其之所以能够取得如此成功的口碑营销，和其背后数量巨大的粉丝有着直接的关系，可以说，小米品牌的成长就是由这些忠实的粉丝推动的，在这些粉丝眼中，小米就是"他们的"小米。

谈及小米的成功，雷军一句"因为米粉，所以小米"，让越来越多的人认识到了粉丝群体的重要性。关于粉丝，我们在雷军的基础上更进一步，强调内部粉丝的作用，"因为员工，所以米粉"，员工是离品牌、离产品最近的人。

在你不能把员工培养成为粉丝之前，你的粉丝兵团的梦想可能是不堪一击的。在你不能把员工培养成为宣传队、播种机、粉丝标杆之前，你的终极梦想可能是苍白无力的。"无员工，不粉丝"，雷军最成功的一点就是他塑造了自己品牌的粉丝文化。

他将员工培养成为粉丝，让粉丝为产品代言，粉丝自然就会主动去为小米进行宣传，并对其品牌荣誉进行维护。

早在小米手机创办伊始，雷军就通过互联网培养粉丝。他与初期 MIUI 论坛上热爱产品的用户粉丝群体交流，让他们积极参与到小米的产品研发和品牌塑造等各个环节中，并积极号召 60 万发烧友参与到手机系统的开发改进中。

事实上，被雷军个人魅力所吸引的一群技术和创业爱好者，就是小米手机的第一批粉丝。这些人不仅是小米产品的消费者，还心甘情愿地主动为这些产品进行义务宣传。之后，凭借着"高性价比"的口碑和早期米粉的大力宣传，小米手机迅速成长起来，粉丝数量如滚雪球般越来越大，做口碑营销，相信好产品会说话，让用户互相推荐产品。对于小米而言，网络就是最好的米粉培育的平台，而微博就是将米粉成功聚合的最佳武器。

在微博平台上，雷军已经不仅是小米手机的创造者，还是一个小米品牌的忠实守护者，更是一个随时解决米粉难题的客服人员。同时，借助微博，米粉们也强烈表达了自己对于小米手机的意见，这些反馈无疑使小米的宣传效应得到了最大程度的强化，使营销成本尽可能地得到缩减。

为了更好地为用户服务并和粉丝进行交流，小米在全国设立了 32 家直营客户服务中心——"小米之家"，在这里，用户不仅可以自取手机并实现售后维修，还可以参加一些专门为米粉举行的活动。参照车友会的做法，小米将聚会娱乐的形式带入到了米粉的消费方式之中，增加了米粉的团结性。

除此之外，小米还对粉丝因势利导，设计了很多可以让他们直接参与进来的互动方式，以此加强品牌和粉丝之间的黏性。

比如，小米的"橙色星期五"，每周都会根据粉丝反馈意见对 MIUI 系统进行更新改进；小米官方网站对外开放抢机活动的"红色星期二"；小米公司为粉丝在线下所举办的"爆米花"聚会活动；还有小米每年以"米粉节"命名的公司庆典……这些，都让小米粉丝感受到了强烈的品牌参与感和归属感。

　　"80后""90后"年青一代，是小米所针对的重点目标群体，基于这部分群体强烈的"在场介入"心理需求，小米公司策划了一系列粉丝参与度极高的活动，充分激发并满足粉丝"影响世界"的热情，让他们认为，小米不单单属于雷军自己，而是属于他们每一个人的，维护并宣传小米是他们的职责所在。

　　当然，小米之所以能够取得如此巨大的影响力，也离不开它的"四轮驱动"，除了利益的驱动，还有非常重要的三个驱动：梦想驱动、热爱驱动以及兴趣驱动。小米在每一层驱动上都做得非常到位。

　　首先，小米的诞生本身就源自其创始人雷军的梦想驱动，从某种意义上讲，做小米就是为了圆雷军的手机梦；而对于小米中高层来说，更多的则是热爱驱动，比如小米科技联合创始人黎万强，如果你读过他的《参与感》一书，就会发现，他对手机事业有着非常深的爱；而对于底层员工而言，则是兴趣驱动，兴趣是最强的驱动力，小米的很多基层员工都先是小米的粉丝，然后才加入小米。

Supreme：街头文化图腾

　　《人民的名义》火了，里面郑胜利穿了一件红底白色 LOGO 的 Supreme（见图1-5）。该部主旋律的大剧里藏着一个如此热爱街头文化的男子，着实令人吃惊。Supreme（"至高无上"的意思）是一个结合滑板、Hip-Hop 等文化标签的美国街头服饰品牌。短短几年时间就在年轻人中引爆流行，每次发售新版和限量版产品的火爆程度都令人叹为观止。很多知名的滑板爱好者以及街头艺术家会在 Supreme 的店面举行聚会，而这便使得 Surpeme 逐步演变成了纽约街头文化特别是滑板文化街头潮流品牌的代表。

图1-5 《人民的名义》中郑胜利穿着纽约街头之王 Supreme

Supremebox 类的产品一直非常畅销，常年保持着供不应求的状态，Supreme 这个品牌代表着的是纽约乃至整个美国街头文化的缩影。Supreme 产品大多取样于成功的单品、文化、图案，其并不提倡原创的理念，甚至连 Supreme 的版型都是从一些富含浓厚美国文化的大牌中取样。

即便如此，这个建立在街头滑板文化基础之上的品牌依然能够让其粉丝痴迷不已，这让一些局外人感觉非常困惑。当然，Supreme 的影响力远远不止停留在美国，欧洲的很多年轻人对这个品牌也非常追捧。但是，Supreme 实体店在选址上拥有一套非常严谨的逻辑，因此，对于欧洲人而言，实现对 Supreme 产品的抢夺是一件非常艰巨的任务。

正是在这样的市场情况下，Supreme "死忠粉" ——英格兰的 Adam Bethell 和 Peter Mitchell 为了让同样喜欢 Supreme 的欧洲粉丝能够顺利买到心仪的产品，专门成立了一个名为 SupTalk 的脸书小组，在那里，大家不但可以购买和交易 Supreme 产品，还可以分享 Supreme 最新发布的产品以及相关信息。

据了解，这个在线小组一经成立便受到了热烈追捧，成员很快突破了 9 万人，并且拥有了官方的 Ins 账号（见图1-6），很多喜欢 Supreme 的年轻人会在上面对自己的日常搭配进行分享，如今，SupTalk 已经发展成为欧洲地区最为知名的 Supreme 粉丝社区。

图 1-6　Supreme 脸书小组官方 Ins

其中，值得一提的是 Supreme 品牌的一名狂热爱好者，知名乐评博主、撰稿人、作家——David Shapiro，还为该品牌专门撰写了一部名为 *Supremacist* 的半自传体小说。

几乎每次 Supreme 的新品发布，在其店前都会有提前一天便在此排队的粉丝（见图 1-7）。即便是在没有 Supreme 品牌实体店和官方直营品牌网店的中国，Supreme 同样能够引发巨大的抢购热潮。

从某种程度上讲，Supreme 的成长代表着的正是一种小众社群亚文化商业模式的兴起。在经过二十多年疯狂成长之后，今天的 Supreme 已经成为街头文化的象征性品牌，其在业界的地位也是无可撼动的，但不可否认的是，其最初的产品灵感和元素则正是来自这个社群亚文化本身。

图 1-7 Supreme 粉丝群体

第 *2* 章

粉丝思维:

引爆流行的底层逻辑

∨ ∨
∨

SUMMARY

经营粉丝，观念先行。如今"得粉丝者得天下"的思想越来越多地被大家所认同，企业的运管理念不应再单纯地唯产品马首是瞻，而应聚焦于未来商业发展的主导者——粉丝身上。确立标杆、追求极致、换位思考，这便是粉丝思维的三个重要方面。广大企业只有真正理解这些关键词的内涵，才能确保和粉丝之间持久的情感联系。

顾客终身价值与粉丝思维

在讲粉丝思维之前，我们首先应该审视一下它的底层逻辑，以及这股营销潮流能够流行起来的主要原因。

从底层逻辑上来讲，当下粉丝思维之所以能够流行起来，就是因为随着互联网流量红利的日益枯竭，人们开始重新反思和认识到顾客终身价值的重要性。所谓粉丝就是从忠实顾客、拥趸、终身顾客演变而来，从这一点上，粉丝思维与顾客终身价值一脉相承。

什么是顾客终身价值

罗振宇在2017年跨年演讲中提到："曾经的互联网，那是一个伊甸园一样的时代。到处是飞禽走兽，到处是食物。大量的人口，正在涌入互联网，那个时代用流量思维，也还合理；但是随着流量越来越贵，我们不得不走出伊甸园，那种伸伸手就能在树上摘果子的时代，再也不会回来了。"

在罗振宇看来，我们必须"从狩猎采集的时代，进化到农耕时代"，换句话说，也就是"从流量思维向超级用户思维过渡"。

这里说的"超级用户"就是终身顾客，"从流量思维向超级用户思维过渡"就是意味着对顾客终身价值的回归。

先来说一下什么是"顾客终身价值"。

相比粉丝营销，顾客终身价值是一个很有年代感的概念，很早以前就被提出，只是在流量泛滥的时代，如同"顾客是上帝"这样的口号一样，这一概念从未被重视或认真对待。按照教科书上的解释，**顾客终身价值就是每个顾客在未来可能为企业带来的收益总和，一辈子能为一个品牌贡献的价值总和，它由三部分构成：历史价值、当前价值和潜在价值。**

这种价值不仅仅包括消费者购买产生的直接利润价值，而且还有向朋友推荐、转介绍产生的二次购买价值、传播价值和口碑价值。尤其是在我们进入移动社交媒体时代之后，这种传统意义上的推荐和传播价值，从线下转移到了线上，覆盖的人群和效果也得到了无限放大。

因此，影响顾客终身价值的主要因素有以下几个方面：所有顾客初始购买的收益流；所有与顾客购买有关的直接可变成本；顾客购买的频率；顾客购买的时间长度；顾客购买其他产品的喜好及其收益流；顾客推荐给朋友、同事及其他人的可能、适当的贴现率。

顾客终身价值回归的时代必然性

诚如开篇所讲，回归顾客终身价值的时代必然性就在于互联网流量红利的枯竭，以及由此引发的对流量时代的反思。

为什么大家对"告别流量时代"有这么多的共鸣？我想原因大概有三：一是流量越来越被垄断，中国有两大流量黑洞（搜索和社交），几乎所有的流量都被吸走了；二是流量越来越贵，据了解，目前互联网上的单位获客成本已经高达300元到500元（互联网金融行业已经高达1500元到2000元）；三是垃圾流量太多，比如常见的蹭热门，吸引了大量的泛流量，最后无法形成转化。

除了互联网的早期得利者，多数人其实是深受流量之苦的。所以，当罗振宇在跨年演讲中发表那一通流量时代终结的宣言之后，才会引发那么多共鸣。无论是他所说的超级用户思维，还是我们提倡的粉丝思维，其本质思想都来自顾客终身价值。

我们来看看，流量思维跟顾客终身价值思维到底有何不同：流量思维的典型特征是只看数量不求质量，无论你是普通用户还是知名人物，在流量池里代表的数字都一样。而顾客终身价值则完全不同，它更多地强调有效用户，即留存下来的用户。流量思维是拼命地拉新，拉过来之后就不管不问了，接着开拓新的用户。而顾客终身价值则更关注拉新之后的留存、激活和转化，更关注用户的长期贡献。

从流量思维到顾客终身价值，这种经营思维的转变来自企业生存环境的变化。在伊甸园时代，伸伸手就可以摘到果子，但现在不行了，经过几轮的市场教育，消费者对促销拉客的方式越来越不感兴趣，传统的营销手段，如今已激发不了用户的热情，引流效果往往不太理想，转化率也比较低。创业者期待改变这种需要反复拉客，不断为获取新客户而烦恼的现状。

对顾客终身价值的反思和重新重视，意味着品牌与用户关系的持续深入，从普通用户到忠实用户，再到终身用户。在现代语义里，忠实用户对应的是粉丝，终身用户对应的则应当是"铁粉"。

粉丝思维与顾客终身价值的关系

我接受顾客终身价值这个词，是在很多年以前的一次论坛上，当时微软公司的营销顾问亚伯拉罕提到了这个概念，并生动地举了几个生活中的例子，比如生活用纸，可能从来没有人计算过，甚至没有想过，自己这一辈子会用多少纸。据统计，美国人均年用纸量20多千克，中国人均年用纸量约5~6千克。如果按照平均寿命80岁计算，一个美国人一生大约要用掉1600千克纸，一个中国人则要用掉400~480千克纸。这个数字大大超出了我们的想象。

再比如我们身边的案例。我有一个同事，他是可口可乐的铁粉，平均每天要喝一大桶6元钱的可口可乐，如果按50年的消费生涯计算，他的顾客终身价值等于

$6 \times 365 \times 50$，等于 109500 元，真是不算不知道，一算吓一跳。结合乔·吉拉德的"250定律"（即：每一位顾客身后，大体有 250 名亲朋好友。如果您赢得了一位顾客的好感，就意味着赢得了 250 个人的好感；反之，如果你得罪了一名顾客，也就意味着得罪了 250 名顾客），假设我这位同事可以将他身边的 250 个人发展为像他一样的忠实顾客，那么，他的顾客终身价值又将放大 250 倍，达到 27375000 元。

这就是顾客终身价值的威力，一个企业只需要维护好这样的超级用户，就可以很好地生存下去，到现在我们终于可以理解，为什么鹿晗只有几百人的核心粉丝群体，却可以带来那么大的流量生意。

在挖掘顾客终身价值方面最典型的案例就是好市多（costco）（图 2-1 为好市多超市）。美国好市多一年的净利润是二十几亿美元，其中会员费占了很大比重。好市多成功的关键就是重视顾客终身价值，它通过会员体系将顾客与自己长期捆绑在一起。据悉，目前好市多已经发展了 8000 万会员，人均年消费高达 1395 美元。

图 2-1　好市多超市

好市多的会员与中国超市的会员是截然不同的。去美国的好市多购物你会发现：

没有会员卡，首先进不去；就算进去了，你也不能买东西。如果你想借用后面顾客的会员卡，也是不行的，收银员会制止你，因为你不是会员。

为什么要求如此严格？因为好市多重视会员的权益和价值。为会员精选来自全球的优质商品，拼命压低价格，以利润不高于10%的价格出售。在服务上，好市多也几乎达到海底捞的"变态"程度，无理由不限时退货就是其中一例。

我们知道，许多超市规定退换货只限7天以内，退货时还有可能对顾客百般刁难。而在好市多，退货不限时间、不问原因，只要你不满意，随时可以退换，甚至是吃了一半的饼干，用过的电器，只要想退就可以退。对于有些爱占便宜的顾客用一段时间后再退回去的行为，好市多毫不在乎，因为他们的经营宗旨就是让会员占便宜！

好事多的试吃活动也很有特色，他们要求试吃分量必须要大，想吃多少就可以吃多少，一次管饱。

正是商品的优选低价，以及服务上的超级人性化，为好市多赢得了大量的忠实顾客，所以它才可以发展那么多会员，光靠会员费就可以支撑企业的发展，而且，更让人惊叹的是，好市多的会员续费率竟然高达91%！

凯文·凯利提出的"一千铁杆粉丝原理"里的"铁杆粉丝"就是具有终身价值的超级顾客，所以，**粉丝思维的目的就是打造顾客终身价值**，只不过与传统分众行销等手段相比，粉丝思维更强调顾客与品牌的情感关联与交互。在此基础上的口碑价值，是新的营销环境下，对顾客终身价值的继承和发扬。

极致思维：做更好的自己

　　对于企业而言，极致思维即是"做更好的自己"。尽管社会发展的现实告诉我们，世上并不存在完美无缺的事物，但这并不意味着我们就可以放松要求。相反，要通过不懈的努力，让自身的经营水平越来越好。笼统地说，**极致思维就是不断地"高标准、严要求"**。在移动互联网广泛普及的今天，**为顾客创造超过其预期的价值，就是极致思维的绝佳诠释**。

　　既然谈到了"极致思维"，那么我们就必须得讲一讲服务水平极致到"变态"的海底捞。

　　从2007年开始，在北上广深的白领群体中开始流传这样一种说法："有生之年，一定要吃一顿海底捞的火锅。"不少白领在听到他人的推荐之后，纷纷进入海底捞就餐，就餐的体验也确实让这些食客们大喜过望。

　　新顾客带着对菜品的期待进入海底捞，最后他们往往会被海底捞的服务所折服。由于"爆棚"的人气，海底捞的顾客经常需要等餐，但等餐硬是被海底捞改造成了"享受"。在海底捞等餐的顾客，不仅有零食吃、有饮料喝，还可以在等候区下棋，甚至可以享受海底捞修指甲、擦鞋的服务。在完成就餐之后，食客们往往会点一些水果。当食客点了一盘西瓜切片时，海底捞的服务员很可能会根据食客人员情况给食客一个完整的西瓜。并且，海底捞还允许食客将这个西瓜带回家吃。

　　正因为海底捞这些周到至"令人发指"的服务，使得越来越多的食客们慕名而来。其顾客范围早已不再限于上班族，而是扩大到了所有民众。在移动互联网尚不发达的时代，海底捞的服务仅凭"口传口、人传人"的方法就吸引了大量的关注，而到了移动互联网时代，海底捞的人气已然势不可挡。以至于社会上一度风传一种说法："地球人已经无法阻止海底捞了！"

连"地球人"都阻止不了的海底捞，事实上正是极致思维的最典型案例。当顾客迫不及待地在就餐前将餐厅的照片晒到自己的朋友圈中，当顾客在等候区一次次发出"哇"的尖叫，海底捞便已俘获了一票粉丝。企业要满足客户的需求，关键在于认清内外部客户的需求所在。顾客在海底捞得到的最大价值，不仅仅体现在珍馐美食上，也不仅体现在餐厅的内部陈设上，还体现在了海底捞的服务、氛围及其隐藏在这些表象之下的文化上。这正是时下消费者，特别是年轻消费者的需求所在。

毋庸置疑，海底捞之所以广受好评，就是源于其远超顾客预期的服务。这也让海底捞可以轻易地对自己的忠实顾客（粉丝）做出引导，使其成为企业口碑的传播者。海底捞通过其远超顾客预期的服务告诉我们：服务即是产品力的一部分，若想让自己的产品力实现最强化，就必须将服务推向极致。同时，企业要想感动外部的客户，首先要做的是感动自己和内部的客户。

既然极致思维能为品牌带来大量的关注和粉丝，那么企业又该怎样做到极致呢？从现实的角度来看，企业应当至少做到三点，方能打动客户并让客户满意。

坚守持续改进的态度

常言道：态度决定一切。对于企业来说，树立进取意识、细节意识、变革意识，正是对持续改进态度的极佳诠释。当客户对相关的产品或服务感到不满意时，企业就应做好相应的改善工作。首次改进之后，若有必要，再进行第二次改进，当第二次改进完成之后，如有必要，再进行第三次改进……唯有在不断精进的过程中，企业才能将自己"逼向"极致。

日本企业以工匠精神闻名于世，工匠精神的核心内涵就是极致思维。

比如，优衣库就是极致思维的典型代表。他们的王牌产品 HEATTECH 系列的研发过程简直充满了传奇性。2003 年，HEATTECH 系列上市，主打的卖点是保温性和发热，当年卖掉 150 万件，已经很不错了，但柳井正（优衣库创始人）没有满足，继续研发迭代，2004 年又推出具备抗菌和速干特性的产品，紧接着 2005 年又针对女性冬季体干需要保湿的需求，研发出了具备保湿功能的产品，结果这一年，销量实现了 450 万件。一件内衣做到这个份上，已经够可以了，但柳井正仍没有停止精益求精的步伐，2007 年又与一家科研机构合作改善了纤维结构，使产品整体性能又提升一大截，其结果是，这一年销量达到 8000 万件！

根据用户的需求变化，对产品做出持续的优化，准确把握不同用户的需求，投送适销对路的产品，这正是当今企业在实践极致思维时所应秉承的态度。

不断提高自身的专业度

所谓专业度，实际上就是企业自身的能力。能力从来都不是先天就具备的，而要靠后天的培养，所以企业唯有通过不停地学习，才能持续充实自己，唯有时刻感知周围环境的变化，才能将最新的思想观念、创意、技术等赋予自己的客户。企业不断探索学习的过程，就是增加"极致状态"实现可能的过程。

在日本，有一家举世闻名的寿司店，店面并不大，甚至堪称简陋，只有十个座位，厕所还在外面，但却吸引了全世界的名人大腕。更夸张的是，要想在这里吃一顿，还必须提前一个月甚至更长时间预约订位。

这就是人称"寿司之神"的小野二郎经营的数寄屋桥次郎寿司店。

这家寿司店之所以如此受欢迎，根本原因就在于小野二郎的工匠精神和精益求精的极致态度。

小野二郎曾说，"你必须要爱你的工作，你必须要和你的工作坠入爱河……即使到了我这个年纪，工作也还没有达到完美的程度……我会继续攀爬，试图爬到顶峰，但没人知道顶峰在哪里"，这样敬业、严格、追求卓越的精神，才成就了一代名厨。

小野二郎从最好的鱼贩子那里买鱼，从最好的虾贩子那里买虾，从最好的米贩子那里买米。从醋米的温度，到腌鱼的时间长短，再到按摩章鱼的力度，小野二郎都亲自监督。他甚至会根据顾客的性别、用餐习惯精心安排座位，时时关注客人的用餐情况以做调整，确保客人享受到究极美味。他对顾客观察得非常仔细，会根据性别调整寿司大小，会精心记住客人的座位顺序，会记得客人的左撇子习惯，调整寿司摆放的偏好。

每种食材都有最美味的理想时刻，只有把握得恰到好处才能将其释放。做寿司在旁人看来是极其单调乏味的重复劳动，而小野二郎却做了半个多世纪，九十多岁高龄的他还在坚持持续改进。这才是真正"一生悬命"（日文直译，意指一生专注做一件事）的匠人精神。

美食之间的差距不在于其他，就在于简单细节的精益求精上。所以我们看到顾客挤破头，宁愿等上一个月，也要去吃一顿，尽管人均消费400美元，他们也不觉得贵，反而赞誉有加，称之为"值得一生等待的寿司"。

极致与死磕

好产品会说话，产品永远是营销的基础。特别是自媒体时代，在口碑面前，人人平等。过去，企业可以通过花高价大量进行广告投放，以实现营销资源的垄断。而在信息流通加速的今天，传统的广告模式已经不再是万能灵药，消费者更愿意相信的是口碑和品牌美誉度，因此，企业必须在产品上下功夫。这要求我们必须做到两点：第一，找准用户痛点；第二，在这一点上做到极致。

我们团队在进行项目选择时也是有一定标准的，并非所有项目都接。首先看的是产品力，每一个项目的产品，我们都会自己试用，如果产品不行，即使再多推广费用我们也不会做。如果自己都说服不了自己，那我们怎么去推荐给粉丝？己所不欲，勿施于人，这是很简单的道理。

做粉丝营销一定要有极致思维，换位思考一下你就可以明白：通常情况下，我们向朋友推荐的产品，一定是我们认为非常好的，对待粉丝，同样也需要我们像对待朋友一样去维护。

极致思维还跟一个互联网文化现象密切相关，即所谓的"死磕精神"。乔布斯、雷军、罗振宇、罗永浩等人之所以受网民追捧，主要是因为他们身上所具备的"死磕精神"。用罗振宇的话说就是"死磕自己，愉悦他人"，只有这样的人做出来的产品才是极致的，有调性的。在我的理解中，**所谓"死磕"就是我们通常所说的"工匠精神"**，一种精益求精、用户至上的品质和服务精神。

从某种程度上来讲，粉丝营销所追求的就是打通品牌与目标用户之间的情感链，建立一种长久的情感维系，这种情感主要来自产品所传达的价值观和调性，也就是你的产品必须能够超乎他们的意料，带来意外之喜，只有这样才能让用户感受到你的态度，也才能打动他们。

凡是客户能想到的，便不是极致；只有超出客户预期、能够感动客户的，才是极致。极致思维作为一种进取的态度，其核心在于人们对"最佳水平"和"理想状态"的不懈追求。世间本无现成的极致，亦无实际的至善，企业应当通过不断地学习和研究，捕捉到新的技术，探索出新的跨界方式。只有具备"以有限搏无限"的态度和思维，才能在未来拥有无限大的想象空间。

标杆思维：榜样的力量

由于经验的缺乏，初创型企业或创业者个人，在事业发展的初期难免会迷茫，既找不到方向，也找不到目标。面对前方道路上的种种未知，经营者最好的方法便是找到一个标杆去学习，锁定一个值得自己学习的榜样，仔细研究对方的"知与行"。汲取对方的优势和长处，从自己欣赏的标杆身上，看到自己未来的影子，在事业的迷茫期找到照亮前方航路的灯塔，这就是榜样的力量。

标杆思维并非"无源之水、无本之木"，而是来源于欧美企业界中盛行的一项经典管理方法——标杆管理法。标杆管理法由美国施乐公司在20世纪70年代首创，在学术界，人们通常将其和"企业再造""战略联盟"一同并称为20世纪末的三大管理方法。具体来说，标杆思维主要包括立标、对标、达标、创标四个步骤，企业通过对这四个前后衔接的步骤的执行，不仅能够实现经营活动的"常态化"改进，更能实现基于"创建规则"与"标准本身"的持续超越，最终将企业的整体经营带入到螺旋提升的良性循环中。

立标

对于企业来说，立标具备两重含义。第一重含义是在公司所属行业内外选择最好的实践方式，并以此作为标准和学习的模范。第二重含义则是在公司内部培育最好的学习样板，这种样板可以是具体的流程、工艺、管理方法，也可以是某位先进分子。当相关的人或物被确立为公司内部各部门或每一名员工的榜样时，立标试点工作即宣告开始。

立标在当代企业界是一种通行的管理手段。一些企业在营销过程中所做的"样板市场"工作，其本质就是立标，即企业通过对样板市场的集中运营，将成功的经验总结出来，再将这些经验复制到其他市场中。

如果我们问外国人他们能记住的中国品牌有哪些？一般的回答都不会超过三个，而华为必能居其一。能取得如此之高的知名度，主要还是因为华为的自主研发能力。在华为进入手机领域之前，中国的手机企业都是"组装商"，硬件用三星芯片，软件用原版的安卓系统，基本不具备对芯片、系统等核心技术的掌控能力，更谈不上自主研发。而华为在进入手机市场后，也将自己"敢为天下先"的精神带入了这个领域。最终在 2016 年 1 月发布了能与外国同类产品一较高下的首款国产芯片——麒麟 960。

能够自主研发出足以威胁到竞品的首款芯片，这意味着华为已经成为中国企业中毫无争议的"信息技术之王"，华为从技术的角度为我们树立了一个"自力更生"的研发标杆。无论是独立自主的精神，还是对技术的尊重，华为的经营理念都值得其他中国企业学习。

对标

对标即通过对标杆进行对比、测算和分析，逐步找出自身的劣势以及与标杆之间的差距，继而对相应的改进方法做出构建和尝试，直至最终找到能达到或超越标杆对象水平的有效方法或途径。

华为的"全员导师制"就是通过对标来达成管理效果的优秀案例。这一做法是全员性、全方位的。不仅新员工有导师，老员工也有导师；不仅生产系统实行这一做法，营销、客服、行政、后勤等其他系统也都实行这一做法。华为认为，老板只能传道，而解惑则需要榜样的指引。

华为对调整到新工作岗位的老员工也一视同仁，不管资历多深、级别多高，在进入新的岗位后，公司都会给安排导师。这个导师也许比你的工龄短，比你的资历浅，但在这个岗位上他比你强，那么他就是你的导师。所以，刚刚毕业进入华为一两年的员工，照样有可能成为导师。

华为的导师职责比较宽泛，不仅有业务、技术上的"传、帮、带"，还有思想上的指引，生活细节上的帮助等。

这一做法的意义有三点：

一是可以增强员工的荣誉感，尤其是对入职时间不长就成为导师的员工，在工作上会更加严格地要求自己，在新员工面前发挥模范带头作用；

二是对于新员工来讲，为他们找一个导师，就是为他们树立一个对标的榜样，可以使他们迅速融入企业的大家庭中，从思想上、感情上尽快地认可企业的制度和文化；

三是通过推行全系统、全方位、全员性的导师制，可以形成企业内部良好的环境氛围，执行力必然会大大增强。

达标

当企业走完立标和对标这两个步骤之后，接下来要完成的便是达标，所谓达标即是企业按照清晰的路线，在内部运营的各个方面进行改进落实，确保在实际经营的过程中达到标杆对象的经营水平或达到预期的改进成效。

创标

◇◇◇◇◇

创标是整个标杆思维的最后一步，在这个阶段，企业要做的就是完成对前三个步骤的知识沉淀工作，完成对最初选定标杆对象的赶超，并总结出更加先进、创新的实战方法，最终让自身成为新的行业标杆。

尽管标杆思维是个"舶来品"，但国内的商界精英很早就接受了这种理念。北京大学陈春花教授通过多年的观察和实践，最终在 2004 年出版了集标杆思维之大成的著作《领先之道》。通过该书，陈老师系统地梳理出了一批具备标杆资质的企业，并对其成功背后的要素做出了缜密的研究。这本书一经问世，便迅速在企业界引发了巨大的反响，一时间"找标杆、学标杆"的做法在国内蔚然成风。

标杆思维的终极目标在于借助榜样的力量让自身变得更好。这种手段无论是对于个人还是企业都是极其必要的。放眼今天，具备榜样资格的中国企业数量还十分有限，但已有顶尖的企业做出了表率，其中的佼佼者莫过于小米和海尔。

自公司创立伊始，小米就一直将苹果公司作为自己学习的榜样，这种理念直至今日都未曾改变。在有形的"物"方面，小米做到了"照葫芦画瓢"：雷军与乔布斯对标；小米手机的处理器、芯片、玻璃都向 iPhone 看齐。而在无形的"意"方面，小米更是将苹果的"果粉"经营思维直接复制到了自己的运营中。其在粉丝运营方面所下的功夫，相较于苹果更是有过之而无不及。

从 2012 年到 2015 年，小米公司成功地完成了运营方面的蜕变，即由一家以生产、渠道为导向的传统制造型企业向以粉丝、用户为导向的科技型企业转变。无论是 2012 年"因为米粉，所以小米"口号的发布，还是 2014 年"小米生态链"的组建，无不体现出小米在粉丝运营方面的可圈可点之处。正是得益于这种"真正把粉丝放在第一位，跟粉丝做朋友"的原则，使得成立时间尚不足十年的小米跻身国内一线手机厂商之列。

值得注意的是，苹果的"果粉"群体往往是消费者自发形成的（即所谓的"自来水"），而小米的"米粉"群体则主要得益于小米公司的用心经营。从这个意义上来看，小米对于"粉丝"群体的运营水平，早已超过了其师傅——苹果，小米在落实标杆思维的过程中，已经做到了"青出于蓝而胜于蓝"。

平心而论，单论产品力小米未必能胜过苹果。但如果针对粉丝运营水平进行鉴定，小米无疑是赢家。因为通过对粉丝运营孜孜以求的探索和大量的资源投入，小米早已构建起了以"米粉"为核心的生态闭环。

在小米成功之前，中国企业的成功基本上来源于渠道，而在小米成功之后，中国企业必须正视粉丝的价值。作为国内第一家提出以粉丝为战略导向，以用户主权为经营核心的公司，能够处处以用户的需求、痛点为抓手，最终赢得了一大批年轻人的喜爱，这种先进的思想同样值得相关企业将其作为学习的标杆。

小米作为一家新兴的科技型、创业型企业，其在对标杆的学习方面具有天生的内生动力，所以自诩为"雷布斯"的雷军能够轻而易举地将苹果的理念融合到自己的经营中。对传统的制造型企业来说，固有体制机制的束缚往往会让标杆管理无疾而终，但海尔却是个例外，在眼界极高的掌舵人——张瑞敏的带领下，海尔不仅顺利完成了对标杆的学习，更让自己成为其他企业认真学习的标杆。

作为一名有"通用电气"情结的领导者，张瑞敏一直将GE（通用电气）作为其心目中的学习标杆。在产品方面，海尔将GE"环保""低能耗""低噪音""智能化"的理念贯彻到了研发的各个环节中。而在公司治理方面，海尔更是将GE"六级人才"的管理者培养模式和"六西格玛"质量控制方法嵌入到公司的日常制度中。2016年6月，海尔斥资56亿美元成功收购了GE的家电业务（GEA），将自己的经营标杆收入囊中，此举也标志着海尔终于"学成出师"，完成了对标杆对象的全面反超。

张瑞敏和雷军虽然身处不同的行业，但他们都具有标杆意识，并能在对标杆的学习中，找到彼此之间的差距，继而对自己公司运营的方方面面进行分解和测试。在产品层面、服务层面、成本控制层面，小米和海尔无不在借鉴强者的过程中完善自己。而他们最终找到了适合自己的经营方略，实现对标杆的反超也就在情理之中了。

粉丝营销从底层逻辑上来说，其实就是对标杆思维的运用，粉丝为什么追星？为什么发自内心地热爱并支持某一品牌？就是因为他们需要榜样的力量，这些偶像或品牌能够给予他们某种情感激励或正向能量，能让他们变得更好。所以粉丝营销的要义就是不断精进自己，成为粉丝的榜样。

换位思维：打破“知识的诅咒”

换位思维古已有之，生活在2500年前的孔子就曾说过：“己所不欲，勿施于人”。换位思维作为粉丝思维的重要组成部分，在今天的中国商业社会中，依然是“放之四海而皆准”的法则，无论是传统企业，还是互联网企业，都需要换位思维。

放眼今天的中国社会，消费需求已发生了天翻地覆的变化，我们早已摆脱了物质匮乏的时代，迎来了“消费升级”。在这个日新月异的时代，用户的关注点已不再局限于产品自身性能的优劣，而是扩展到了附加服务上。因此，企业必须重视对服务的优化工作。而相对于“有形”的产品，“无形”的服务要更难把握。此时，换位思维的意义就会更加鲜明地凸显出来。

2017年5月5日，海尔电器“空调旺季服务保障暨核心网络同盟大会”在山东青岛举办。在这次大会上，海尔组建了行业内第一个异地服务保障同盟。该同盟涵盖了32支服务保障队伍，其组成人员全部是海尔的金牌服务工程师，范围涵盖了北上广深等全国所有的大中型城市。同盟成立后，凡是海尔空调的客户，其在空调使用旺季都能够享受到全天候的即买即装服务。这意味着该同盟颠覆了以往“客户找海尔”的被动型体验，转而变为“海尔找客户”的主动交互型体验，并对整个用户服务生态体系做出了有效的优化。

事实上，对于海尔来说，2017年5月所开展的“异地服务保障同盟”活动，既不是其在服务改善工作方面的第一次重大举措，也不会是最后一次。因为海尔公司从企业建立伊始，就以"基于客户需要的服务"作为自己的工作重心。海尔正是因为建立了良好的售后服务体系，才获得了大量忠诚的客户（粉丝）。今天的企业要将普通的用户变成粉丝，用换位思考的思维来做售后服务同样是一条必由之路。

从海尔对服务工作的持续优化中，我们可以看出，在"体验经济"大行其道的今天，产品的售后服务工作对于企业来讲已越来越重要。但在现实中，很多公司却连最基本的"退换货"服务都无法顺利开展，这的确值得广大企业深思。企业要想让自己的品牌永葆长青，就得积极运用换位思考这一理念。比如说，企业在设计产品的售后服务内容时，可以设身处地地将自己当作消费者去思考：当企业的老总或员工购买了同行的产品，会希望对方提供什么样的售后服务？沿着这个思路去揣摩消费者的需求，企业才能在服务方面做到有的放矢。

何谓"知识的诅咒"

营销是企业盈利的关键，故而当今很多企业都将营销作为企业经营的重中之重。然而重视并不意味着优秀，很多企业在营销中总是从自己的角度出发，去做一些自以为很专业的介绍。有些公司在产品宣传过程中，一味地强调"获得了××项国家专利""赢得了××奖项""运用了××技术"，并美其名曰"集中展示产品实力"，但对于这样空洞的表述，多数用户是完全理解不了的，自以为是而不考虑用户的营销手段并不能让用户信服。

我曾经关注过国内某知名 IT 厂商所生产的一款智能 Wi-Fi 产品，当对方的产品经理得知我对该产品很感兴趣时，便积极地向我介绍起产品的卖点。然而，经过对方一番热情洋溢的介绍，我却愈发糊涂了，因为以我的知识背景，是完全听不懂那位产品经理所讲的专业名词和参数的，因为我只是一个"小白用户"。

因为接受过专业的培训并积累了丰富的经验，产品经理对产品的一切"了如指掌"，这无可厚非。但基于自己对产品的了解就"理所当然"地认为用户也会对产品"了如指掌"，这就是自欺欺人了。在某些营销人员的认知中，用户理应知道他表达的是什么，但实际上用户并不知道。因为大部分用户都是小白用户，小白用户既不清楚和产品有关的各种专业术语的含义，更不了解产品参数所代表的价值。这时需要营销人员做的，并不是自以为是地机械介绍，而是基于用户的知识背景，以用户能听懂的方式，告诉他们这款产品好在哪里，以及与他们的关联。

以上案例中发生在那位产品经理身上的情况，实际上可以被理解为一种在每个人身上都存在着的"知识诅咒"。即知识既可以成为我们了解专业领域的"利器"，也可以变成妨碍我们进一步了解未知领域的"桎梏"。而要打破这种"桎梏"，我们所要做的，就是运用换位思维，将自己既有的知识储备"清零"，从"小白"的角度思考问题。

像小白一样思考

周鸿祎曾在其著作《我的互联网方法论》中提出"像小白一样思考"的观点，这一点对于以产品经理为代表的营销人员来说尤为重要。怎样通过用户熟悉的语言，说明相关产品在解决用户痛点、满足用户需求方面的效果，并将公司一流的技术水平通俗易懂地表达出来，这才是营销人员在向用户介绍公司产品时的核心要务。

公司的治理是多方面的，企业对换位思维的运用也绝不仅限于创业、服务、营销等方面。只要能深刻地领会换位思维的妙处并加以灵活运用，那么换位思维几乎可以在公司治理的所有领域发挥作用。例如，企业在内部管理中可以积极地运用换位思维，加强老板和员工之间的有效沟通：员工对老板进行汇报时，想老板之所想；老板对员工进行教育时，急员工之所急。这样就能在管理层和基层之间形成良性循环。当所有人都尽可能地站在对方的角度思考问题时，企业内部不必要的摩擦和误会便能最大限度地得到避免。

值得注意的是，企业对换位思维的运用不应因自己的身份而有所保留，无论是"传统企业"还是"互联网企业"都应积极践行换位思维。在生活中，不同背景、不同性格的人相处要讲究"将心比心"，而企业与用户天然存在着巨大的体量和信息方面的不对称，所以企业更不应想当然地将用户和自己等量齐观，而应学会抛却自己的优势身份，"讲人话""办人事"。做面膜的企业，就应该直接向用户表达自己的美肤效果，没有必要讲什么专利申请的情况；做床垫的，就应该直接向用户表达产品在改善睡眠方面的实际效果，没有必要讲什么特殊的材料或工艺。一家公司故弄玄虚并不能获得用户的赞赏，唯有迎合用户，将自己置于用户的位置思考行事，才能得到消费者的认同。

雷神：粉丝思维的胜利

雷神笔记本是海尔内部孵化出来的项目，自2014年4月上线以来，仅用了半年就跃居游戏笔记本行业第2名。**四年多来，雷神已经累计创造了45亿元的销售额，并且在2017年9月20日挂牌上市新三板，2018年9月，估值已超过10亿元。**

在四年多时间里，雷神的成长速度可以用"迅雷不及掩耳"来形容，在一个看似不起眼的小众市场，雷神为何能取得如此成绩？答案就隐藏在这四个字里：粉丝思维。

从3万差评中诞生

我们都知道，小米是粉丝思维的典型代表，雷神最初的成长轨迹也是模仿小米的，当时雷神的三位创始人人手一本《参与感》，认真研究过小米的做法。

"先用户，后产品"，这是小米打法的精髓，雷神把这一套借用了过来，并且做得比小米更彻底。

雷神项目的发起源自在京东商城偶得的数据：当时在海尔PC事业部负责电商渠道的李宁发现，当笔记本电脑销量开始下滑时，游戏本的销量却呈上升趋势，同时，这一市场领域还没有出现占据垄断地位的强势品牌，进入门槛不高。

当时海尔正在大力推行企业的互联网转型，提出了"创客"概念，鼓励员工内部创业，里应外合之下，雷神团队成立了。

当时，游戏笔记本是一个非常小众的市场，没几个像样的大品牌，根本没有参照物。从哪里切入呢？这是最初困扰雷神团队的难题。

小米的成功给了他们启发，既然产品最终是给用户用的，市场上也没有参照，为什么不能以用户为参照，看看用户有哪些痛点呢？

三位创始人分头从京东、天猫等电商渠道收集来了 3 万条差评，最后提炼出了 13 大类问题点，比如散热慢、易死机、蓝屏、按键长短等，这些问题为雷神的产品设计提供了有力的突破口。

同时，他们还联系了之前合作过的腾讯和盛大，潜入了几个大的游戏工会和游戏战队，通过直接的交流了解了游戏发烧友心中的真实需求，比如他们想要什么样的配置、定价多少能接受、哪个代工厂好……甚至，连品牌名字都是与用户交互出来的，他们在游戏工会里跟玩家们探讨什么名字最让玩家心动。经过一个月反反复复的探讨，以"85 后"为主的玩家，公认当年的《雷神之锤》是鼻祖游戏，雷神代表着欧洲的一种文化，而网络游戏也正始于那儿。于是，"雷神"诞生了。

2014 年，创立不到一年的雷神卖了 5.82 万台游戏本，创收 2.5 亿元，一举成为行业黑马。

无交互不开发，无公测不上市

交互这个词除了它所代表的互联网思维之外，还被海尔赋予了一种特殊含义，因为它被写入了张瑞敏的管理理论中。从海尔孵化出来的雷神，自然也继承了这种精髓。

"无交互不开发，无公测不上市"是雷神产品开发的 12 字箴言。对于雷神而言，交互的意义更加重大，因为雷神本身就是与用户交互出来的。

前面我们提到过，2014 年，雷神第一批 500 台游戏本上市后，意外收到了一些用户差评。对于有些厂商来说，极个别差评是可以忽略不计的，但雷神非常重视，珍惜用户的每一次反馈，并且与这部分用户进行了积极有效的沟通，最终提升了产品品质，消除了屏幕亮点，而且为这12位提供线索和建议的用户免费更换了最新的屏幕。

此举赢得了广大用户的好感和信任。通过这一事件，雷神团队也认识到了交互的重要性，12字箴言就是从那时开始提出的。后面雷神的所有新品上市前，都要先选一部分用户进行封测，直到用户完全满意才上市，这个传统一直延续到了今天。

雷神的很多产品都是与用户交互出来的，比如他们推出的游戏本周边产品铠甲包。他们当时只画了一个草图，然后把这张草图扔到了贴吧里，里面的内容都是用户填满的，包括外观和里里外外的分区。可以说，这款背包完全就是由用户设计出来的。

把粉丝当作核心资产来经营

在这个时代，粉丝已经成为一个品牌最核心的资产，过去互联网靠流量生存的时代已经过去了，流量能发挥的作用越来越小，对一个品牌来说，真正的粉丝和超级用户才是最重要的。

雷神对粉丝运营的探索是比较早的，最开始从一个QQ群起步，慢慢发展到很多线上平台，比如贴吧、微信、微博、论坛等。雷神的贴吧现在已经是行业里的第一大吧。

雷神的粉丝运营有以下几个特点。

首先，雷神非常重视QQ群。在微信用户已经突破9亿人的今天，很多人可能认为QQ已经过时了，但它在年轻人群中的影响力和使用频率却越来越高，而游戏本的目标人群正是这帮年轻人。利用QQ群，雷神从不同维度为粉丝打造了很多社群，比如按照地域划分的、按照兴趣爱好划分的等。

其次，雷神非常重视线下用户的交互。他们在线下组织了很多同城会、粉丝会，并且每年都会举办一些线下主题活动来联络与粉丝之间的感情。从最早的北京粉丝会，到2014年12月广州塔"雷神之夜"，到2015年"618""带你××带你飞"粉丝会、"双11""带你戏水带你浪"粉丝会，再到青岛"速度与激情Ⅷ"雷神两周年庆典（见图2-2），2017年雷神三周年庆典，每年7月上海ChinaJoy粉丝会……

图2-2　雷神周年庆典请来韩寒的战车助阵

线上一年不如线下一面，线下的交互比线上效果更好，通过线上线下的结合，雷神形成了非常高的粉丝忠诚度。

最后一点，也是最关键的一点，就是雷神的超级用户思维。无论线上还是线下，雷神非常重视发展自己的核心粉丝（或者叫铁杆粉丝、超级用户），向他们倾斜资源，将运营的重点放在他们身上。这些核心粉丝好比一个个支点，撬动了数以万计的目标人群，为雷神带来源源不断的粉丝，他们是用户交互的核心力量，能帮助雷神做粉丝的管理和运营。

上述案例证明，**粉丝是一个品牌的核心资产，铁杆粉丝尤其是。**

如今，雷神的业务已经从游戏本扩张到更多的游戏周边，比如游戏战队、游戏赛事、游戏主播、神游网，从硬件到软件，从线上到线下，对于雷神的做法，业内也有不同的声音，认为这种违反聚焦的行为"步子有点大"。

但在雷神 CEO 路凯林看来，这恰恰是最大的聚焦，雷神的目标不是要做简单的笔记本品牌，也不会沿着笔记本这条路一直走下去，跟传统品牌拼规模。而是聚焦游戏产业，更恰当地说，是聚焦特定的人群——游戏玩家。目标用户需要什么，他们就提供什么。雷神的野心就是要成为一个游戏玩家的一站式服务平台。

这就是互联网企业与传统企业的区别，传统企业是"先产品，后用户"，互联网企业的逻辑正好倒过来，坚持"以人为本"，有了粉丝，什么都可以装进来。

第 *3* 章

黄金法则：

粉丝营销三角法则

∨∨∨

SUMMARY

深度粉销就是要建立和维护品牌或企业与用户间的强关系。因为对于企业而言，如果不能将用户或者忠诚用户转化为粉丝，这些企业在工业化时代建立的品牌资产就可能付之东流。而对互联网企业而言，如果不能建立起以粉丝、社群为基础的品牌基石，同样不具备发展、壮大的基础。将用户变为粉丝绝非易事，在弱关系和强关系之间，横亘着一面叹息的墙壁，不少企业试图穿墙破壁，但是否真的有一种隐匿的力量，能够突破这面墙呢？

关于"深度粉销"，我总结了一个三角法则，可供大家参考：顶点一是圈层化，找出核心目标用户群体很关键，我们不可能让所有的用户都成为我们的粉丝；顶点二是情感化，用情感共鸣打动目标群体；顶点三是参与感，让粉丝参与到我们关键节点的产品讨论和品牌建设当中来。

圈层：社会化营销的底层逻辑

在社会化媒体大行其道的今天，粉丝和社群之中隐藏着一个能够将之引爆的秘密。幸运的是，我们发现了这个秘密，那便是圈层、情感、参与感组成的"三法则"。

关于社会化媒体营销，圈层是最重要，也是最基本的一个概念。这个概念最早被使用在房地产行业中，如今被我们运用到了社会化营销中。

不同 App 映射出的圈层社会

圈层化已经成为移动互联网时代人群分布的主要特征，互联网看似打破了信息不对称，其实事实正好相反，我们获得信息的渠道正在被身边人的朋友圈和大数据算法牢牢掌控，正如今日头条说的"你关注的才是头条"，这意味着，你关注之外的世界正在被你慢慢遗忘和忽略，甚至根本看不到。

移动互联网时代，圈层内的信息不对称被打破了，但圈层之间的认知不对称却在日益加深。比如，有的人会在网上购买很便宜的商品，可能在很多媒体和新中产看来是不可思议的，毕竟在他们的认知中，太便宜的商品往往质量不好。

起初我也这么认为，但有一天，我深夜 12 点回家的路上，在小区门口偶遇一位送外卖的小哥，电动车后面还驮着年幼的儿子时，那一刻我彻底懂了。

生活在不同的圈层对于"艰辛"的定义是不同的，消费理念和层次也是不同的，喝着茅台谈生意的老板可能永远无法理解一位驮着孩子半夜还在送外卖的父亲，为什么要花几百块钱在网上购买大彩电。

他不知道那种彩电质量不好吗？知道，但不在乎，因为便宜、性价比是他考虑的首要因素。不管营销有多少高深的理论，也不管对于价值的追捧达到什么样的地步，但便宜、性价比永远是最强大的武器。

当然，这里不是要为劣质商品洗地，只是站在一个客观的角度说明一个不可忽略的事实：圈层决定了你的认知。

可以说，劣质商品的成功就是圈层定位的成功，对于这一点，很多卖低价商品的卖家早就清楚了。

圈层逻辑已成为当下最强大的商业逻辑之一，江小白的成功很大程度上也是来自圈层认知的准确，牢牢锁定了情怀满溢的文艺青年，所以，每当有人质疑它的产品时，江小白从来都是同一句话反驳：你不是我的目标用户。

圈层逻辑取代细分逻辑

在大多数情况下，传统意义上的市场细分是一种非人格化的市场划分，这种细分通常是站在厂家角度进行的，主要按照性别、年龄、社会角色进行市场切割和划分，然后确定产品的目标消费群体。

而在互联网时代和移动互联网时代，消费者个性化需求凸显，因此，市场细分被圈层所取代。伴随社会化媒体的发展，如今各种小众需求也可以实现前所未有的清晰表达。从小众到大众已经成为新的流行方式，在这种潮流之下，圈层已经成为一种带人格化特征的消费者细分方式。

曾经有一个客户告诉我，他们产品的圈层划分很准，定位就是白领女性。但我认为，这样的圈层依然太宽泛，我们真正做圈层时，一定要精准到核心层。所谓圈层，除去传统的社会属性维度划分，实际上更是一种带有人格化特征的精准市场细分。比如，白领女性就不是一个精准的圈层，而"吃货"文艺女青年，才是精准的圈层定位。

粉丝圈层可以分为核心层、影响层和外围层（见图3-1）。所谓核心层就是我们最初撬动的那一小波核心人群，他们是产品和品牌的拥趸，黏性最高；影响层则是我们觉得有影响力的一群意见领袖；而外围层，就是最后被影响到的更大范围的目标人群。

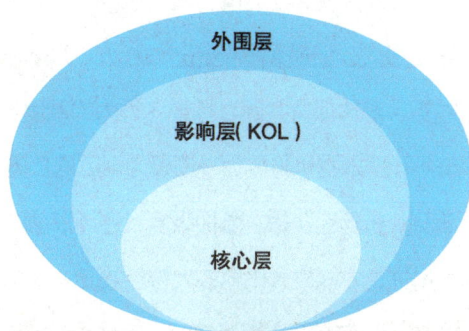

图 3-1　圈层：核心层、影响层、外围层

粉丝营销三大圈层定位

1. 核心层

核心层是最有可能转化为铁杆粉丝的人群，也是粉丝基本盘的来源，它是整个深度粉销体系的基石，重要性不言而喻。

从圈层的角度来看，核心层又称为"死忠粉层"，这一群体不仅忠诚度高，而且对影响层有直接的影响力；从规模上看，核心层的人数并非越多越好。我们的经验显示：这一层级的群体，不在于多，而在于精准。众所周知，目前国内头号流量小生鹿晗的粉丝量是非常巨大的，仅微博粉丝就达4000多万，但大家不知道的是，他的核心粉丝也才只有两三百人，之所以能靠两三百人带动其余的几千万人，撬动亿万级的娱乐产业，就是因为核心层的每一个成员的影响力都是非常巨大的。再比如小米，我们知道小米有一群"梦想赞助商"，也就是最初支持小米、购买小米产品的人，小米后来还专门为这些人拍过一部片子感谢他们，而这些人也只有100人。

无论是品牌还是娱乐明星，他们的管理和运营能力都是有限的。陈春花老师曾说："100人是一个公司的管理上限，低于100人，凭借领导者的个人魅力和能力可以管理得很好，但高于100人就必须借助于科层结构和制度了。"虽然通过互联网和社交工具可以链接更多人，但最多不要超过300人。群体越大，群体成员之间的相互沟通和交流就越难，群体保持共同目标或者行为的难度也就越大。此外，随着群体规模的增大，维护社群本身也将成为一项极为艰巨的任务。

我们应当充分认识到，粉丝运营是需要梯级发展连环带动的，让粉丝影响粉丝，让用户影响用户，圈层递进，才能最大化地放大粉丝效应。

关于如何寻找核心层，我们有两个衡量维度：一是功能需求，二是情感需求。

功能需求就是要求我们寻找的人跟产品的物理属性相匹配，情感需求就是用户与产品情感、心理层面相匹配。下面举我们做过的一个案例——船歌鱼水饺。

我们首先考虑的是产品功能属性，于是第一时间想到了"吃货"，但还不够精准，这时候我们又启动了第二个筛选标准，什么样的产品才会让大家对这样一个外来进京的品牌有分享的欲望和冲动呢？肯定是能满足大家情感需求的产品。想到这里，第二个标签就出来了——在北京的青岛人。首先，饺子的地域属性很强；其次，这又是个外来品牌，而且在青岛当地有很高的知名度。所以，最终我们把核心层定位在：吃货＋在北京的青岛人。

此外，粉丝基本盘成员如果拥有共同的经历或相似的知识结构，则会增强对群的凝聚力和认同感。共同的经历可以是来自共同的地域，可以是一起参加过某一次活动等。比如有的群，所有入群的成员都是通过考试才能进入的，他们之间的凝聚力和对这个群的认同感就会更强。

2. 影响层

影响层是围绕在核心层的外围、更大范围的粉丝群体，其准入条件相对核心层要宽松一些，但也很聚焦，主要是相关领域的 KOL（Key Opinion Leader，关键意见领袖）。

关于 KOL 我们提炼了四个标准：专业度、影响力、爱尝鲜、爱分享。

专业度，即与我们产品的匹配度，并在这个领域有独特的见解。影响力，即可以影响的人群范围和口碑转化率。需要注意的一点是，传统营销思维中，往往把明星、网红、大 V（指经过个人认证且拥有较多粉丝的用户）才当作影响层，但我们对 KOL 的理解更倾向于广义的意见领袖，不要求粉丝的绝对数量，他可以是你身边的普通人，只要他的话有人听、有人信，能够影响到一定的人群即可。爱尝鲜，即有好奇心，有尝试新东西、新产品的欲望和冲动。爱分享，即乐于助人，愿意将自己喜欢的东西分享给他人。这里面还暗含了一个要求，即分享人的创意水平，包括视频、文字、图片，也就是信息组合能力。在社交媒体时代，只有有趣、有料的信息才会被大家记住，因此这一点很重要。

在实操过程中，我们通常将这四个维度归属到四个象限，专业度、影响力属于第一、二象限，主要考量与产品、品牌的匹配度；爱尝鲜、爱分享属于第三、四象限，主要考量其性格特征和信息整合能力，见图 3-2。

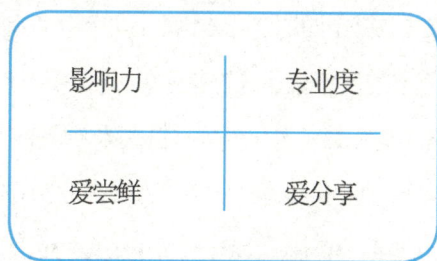

图 3-2　影响层四象限图

以小帅影院——海尔旗下的一个创客明星企业为例，互联网电影机是该企业的核心产品，如果说资深影迷是核心粉丝的话，那么，影响层就是这样一群人：他们同样喜欢电影，但是他们不是尝鲜族，他们会更喜欢一些高品质的影片，通常豆瓣评分8分以上的电影才会引起他们的兴趣。该人群通常会紧随粉丝基本盘的人群，紧跟他们的脚步或者偏好，去进行尝试。

从核心层到外围层的扩展中，通常使用大V或网红来作为媒体渠道进行扩散和召集，需要适当地选择有影响力的大号和大群进行合作。在这一过程中，必须进行适当的筛选，因为从销售角度来看，有些社群很难带来转化率。

3. 外围层

外围层通常指的是普罗大众，如果扩散到这一层面，则证明产品已经影响到了比较多的人。这部分人多数内心趋于保守，不喜欢去尝试新鲜事物，但从众心理是任何人都无法抗拒的，当流行已经影响到身边人时，他们也会因为好奇或者迫于周边的压力（周边人的行为带给他们的群体压力）去尝试。

当一个话题或者活动从粉丝基本盘经由影响层，最终到达外围层时，才算形成一次完整的圈层流动，也才算完成一次成功的粉丝运营活动。

从核心层到外围层的扩散，我们总结了四个步骤：找出来、晒出来、传出去、引回来（见图3-3）。

其中的"找出来"，就是圈层定位要精准，并且用正确的方式构建核心层。所谓"晒出来"就是通过情感激励、引导粉丝分享他们对某款产品的感受。"传出去"就是借助粉丝的口碑以及KOL（意见领袖、自媒体大号、网络社区、网红、大V等）实现二次传播，让品牌信息从核心层突入影响层和外围层。最终，我们的目标是实现购买转化，实现商业价值。因此，"传出去"之后，还要通过漏斗设计"引回来"。

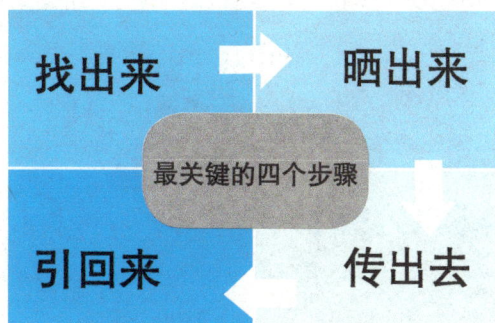

图3–3 引爆圈层的四个关键步骤

情感：粉丝运营的关键抓手

在深度粉销三法则中，圈层之后，第二个至关重要的要素，就是情感。

情感是人类的共同语言，也是人类的底层操作系统，我们所有的言行背后都是由某种情感驱动的。在现实社会中，我们每一个人都扮演着不同的角色，带着不同的面具，有人是老板，有人是员工，有人是推销员，有人是顾客，正是这种角色设定让人与人之间产生了距离（安全需要）。

击碎面具，拉近人与人之间距离的最有效方式，就是建立情感认同和共鸣。

情感的底层逻辑：同理心

同理心是建立情感认同和共鸣的底层逻辑。

什么是同理心？

百度上这样解释：同理心是站在当事人的角度和位置上，客观地理解当事人的内心感受，并且把这种理解传达给当事人的一种沟通交流方式。同理心就是将心比心，设身处地去感受、去体谅他人，又叫共感、共情、移情、神入。

这是个心理学概念，梁宁在《产品思维30讲》里将它放在首位，它被看作一个优秀产品经理的必备素养，没有同理心就无法做出爆款的好产品，而这一点在营销中同样需要。我们前面讲的粉丝三大思维里的"换位思维"，说的就是同理心。

一言以蔽之，站在用户角度，深刻揣摩他们的痛点、泪点、"嗨点"（英文"high"

的音译），然后通过恰当的产品和营销方式传达出来给他们，这就是营销中的同理心。

1. 同理心表现一：角色代入

2018年电影的口碑大作《我不是药神》，之所以取得全线9分的成绩，凭借的就是对观众同理心的揣摩和运用，图3-4为《我不是药神》的海报。

图3-4　2018年度口碑大作《我不是药神》的海报

该电影的题材改编自一个真实的故事，虽然电影根据剧情需要进行了一些戏剧化的处理，但基本保持了故事的原貌。剧中的人物设置也都是真实可信的，比如主人公程勇，父亲因血管瘤卧床不起，妻子因被家暴与他离婚，八岁的儿子很快要跟着母亲和继父移民。正是这样的艰难处境，让他不得不铤而走险去走私仿制药。一开始，编剧没有赋予程勇多么高尚的灵魂，当仿药商问他要当好人吗？程勇的回答脱口而出：我不要做什么好人，我要赚钱。

首先，题材以及人物的真实性，很容易让人产生代入感。让观众觉得你是站在他的立场在思考，这是同理心的第一步。

其次，里面的台词设计非常高明，一看就是认真揣摩过的。比如："谁家没个病人，你能保证一辈子不生病吗？"看似是在跟剧中的演员对台词，但其实是站在观众的角度，表达观众的心声。再比如："这世上只有一种病——穷病，这种病你没法治也治不过来。"这句震颤骨髓的台词，激发了多少人的共鸣。

现实中，看不起病的人有的是，吃不起救命药只能等死的现象也屡见不鲜，但面对这样的生死问题，我们除了沉默，别无选择。而今，终于有人勇敢地站出来替他们说话，这种共情效应无疑是巨大的。

说出对方想说而没有说出的话，替他表达，这才是最高效的沟通方式，也是让用户产生情感认同的最高效手段。

2.同理心表现二：感同身受

在 2016 年巴西里约奥运会上，"洪荒少女"傅园慧在参加完 4×100 米游泳接力赛后吐槽："对不起队友，肚子一直疼，我来'大姨妈'，可能会影响比赛成绩。"

实际上，"大姨妈"这个让人羞于启齿的话题，却能够引起很多女性，尤其是白领女性的共鸣。

在做云南白药旗下的卫生巾项目时，我们发现，白领女性在来大姨妈时有很多痛点，而且有强烈的吐槽欲望。比如，来大姨妈时不想起床，却又不得不上班；疼痛时只能靠止疼药来缓解；别人都在吃冰激凌，而自己只能当看客；明明是特殊的日子，公司却安排加班……对大姨妈的吐槽欲望以及对姨妈假的隐性期待，触动了广大白领女性的情感中枢。

这就成了我们在为该项目进行筹划时的一个重点——情感引爆。我们以创意漫画的方式表达了女性在来大姨妈期间所面对的种种痛苦和不便，并成功引发了一众白领女性的情感共鸣。

调动情感的一个重要因素就是做有主题的活动。我们运营一个项目，主题活动已经成为标配，无论是线上还是线下，目的都是为了增强成员的参与感，增加成员之间相互了解的程度，调动和培育相互之间的情感。尤其是线下见面会，我们称之为"化学催化剂"，往往可以起到意想不到的质变效果。你会发现，一次线下活动结束之后，群里的气氛和关系会有大幅度改善。

做这些主题活动目的非常明确，就是提升社群的活跃度，将影响力从核心层扩展到外围层。同时，我们也会引导粉丝去晒一些东西：比如配合产品主题的一些创意作品，可以是一句话、一幅画，也可以是一张摆拍或者一个打动人的故事。

在主题活动的引导下，核心层和影响层的情感被调动起来，我们从中可以收集到大量的UGC（用户产生内容）。需要特别指出的是，UGC的收集，能够促使我们更加明晰如何引导用户情感这条主线的方向。同时，大量的UGC本身也是激发更多粉丝情感的新触发点，很多时候，用户影响用户是一种更为有效的方式。

这时，我们就可以鼓励粉丝去分享他们的情感，需要注意的是，在这个过程中，必须适时对粉丝进行引导，使得这种"晒"成为一种有序的"晒"，而非无序或者无目的的"晒"。

同时，在时间节点上要特别注意，这种情感分享或者宣泄要在一个相对集中的时间点才能形成威力，而不能"撒胡椒面"。只有让全部粉丝在一个相对集中的时间点进行密集情感分享或者宣泄，才能发挥应有的影响力。

在这一过程中，细节特别重要。我们要做到这样的结果："形可以散，但神不能散"。形可以散是指形式上可以不拘一格，是为了充分激发粉丝们的想象力和创造力；神不能散，就是主题把控，保证粉丝晒的东西必须是与产品或者品牌相关的，是我们想要的。这一切的前提是我们的引导工作必须到位，否则很难实现预期的目标。

从建立粉丝基本盘到圈层扩散，再到用情感调动粉丝的积极性，**需要注意的是：一定要找到对的人；找到对的人之后，一定要有序地引导。**

为了让粉丝的情感在一个时间段密集地爆发，需要社群运营团队在短时间内做大量的工作，团队需要不断寻找热点和创意，才能实现从量变到质变。

情感的维度

情感不仅有强弱，还有不同的维度和演化路径：**情感降维就是情绪，情感升维就是价值观。**

情绪是最本能、最直接的反应，比如，员工受到领导的批评，可能会有反感、抵触、厌恶等各种情绪。情绪累积达到一定程度就会引发质变，升级为情感。比如，员工经常受到领导的批评和指手画脚，反复几次之后，原本藏匿于心底的小情绪就可能爆发为厌恶甚至憎恨的情感。情感再往上就会影响一个人的价值观。比如，还是这位员工，如果长期处于这种情感压迫的状态，得不到及时排解，就可能影响他对整个公司的看法，甚至会动摇他的整个职场信仰。

认识到情感的演化路径可以让我们更容易做好粉丝及受众的情感管理并引爆。所有情感的引爆都是从捕捉公众情绪开始的，情绪通常是飘忽不定的，捕捉它需要敏锐的洞察力。比如新媒体运营组织新世相连续策划的"逃离北上广""佛系少年""丢书大作战"等活动，其成功的根本原因就在于对公众潜在情绪的精准捕捉，"逃离北上广"是对一线城市白领生活压力的回应，"佛系少年"是对"90后""00后"年轻群体差异化价值观和生活态度的精准拿捏，而"丢书大作战"直接延续了公众对英国《哈利·波特》女主演故事的热情。

在社交媒体时代，公众情绪就像无处不在的干柴，只要找对引信，一点就着。

从自身角度讲，我们在运营项目过程中，也非常注重公众情绪的发现和管理。比如前文讲到的云南白药日子卫生巾，就是迎合了女性生理期的痛感情绪；在联想NEWIFI项目中，我们制作了一个短视频，通过父母与远在他乡的儿女在电话中两种截然不同的态度，唤起人们内心的亲情，这也是一种即时情绪的调动。当然，作为黄金法则中的一环，情绪的调动几乎广泛运用于我们所有的项目中。

情感引爆从情绪入手，最高境界是升维为价值观，成为品牌的人格化标签。比如小米的"为发烧而生"，苹果的"Think different"，京瓷的"积善行，思利他"。

情绪、情感都是具象化的、偏感性的表达,而价值观则是情绪、情感的符号化和抽象化,更稳定、更持久。

因此,粉丝营销的短期目标是调动情绪,引发情感共鸣,长期目标是在持续的情感互动中,形成能引发粉丝和受众广泛共鸣的价值观。

情感引爆：善于抓住核心销售日

所谓核心销售日,是指在某时间段,目标消费人群最集中,购买力、销售价值最高（销售量最大、品牌传播效果最好）,影响力最大。

淘宝"双十一"就是典型的核心销售日,在这一天,单日交易额不断地创造新纪录。根据阿里巴巴公布的数据显示,2017 年"双十一",天猫全天总交易额成功突破 1682 亿元,范围涉及全球 235 个国家和地区,其影响力可见一斑。

在社会化媒体营销过程中,核心销售日的概念同样适用。

在本书的后文部分,我们会讲到船歌鱼水饺案例。在操盘这个项目的过程中,我们成功的关键一点就是抓住了冬至这个核心销售日。对饺子来说,冬至这一天就是天然的核心销售日。在我们看来,选择核心销售日的一个重要标准就是,这一天要有特殊的纪念意义或者文化内涵,容易戳中大众或者某一类人的情感软肋。

北方人在冬至这一天有吃饺子的习惯,但在吃饺子习俗的背后,蕴藏着哪些情感因素呢?

1. 亲情

关于冬至的来历,有纪念医圣张仲景的说法。无论如何,冬至时节吃饺子,意味着家庭的团圆和对故乡的思念。每逢佳节倍思亲,这是一种集体记忆和传承,因此,相关的话题更容易引发共鸣和点燃。

2. 励志

2010 年，我辞职创业，其中坎坷不多阐述，在这个过程中，我最大的感悟就是成功的路上并不拥挤，勤奋与坚持才是不二法门。冬至这一天对我来说，有着特殊的意义，因为从这一天起，白天的时间会越来越长，夜晚的时间会越来越短。对于像我一样的创业者而言，冬至意味着黎明前的黑暗，意味着无限希望。

针对第一种情感，我们设计了精美的 H5，通过妈妈、嫂子、闺蜜三种人物角色语音留言的方式，主打家人的惦念（详见第 5 章）。

针对第二种情感，我曾经在社交媒体上发布了一篇记录我创业心路历程的文章——《丁丁创业记：既然激情没有外卖，不如冬至再次复燃》，戳中了很多创业者的心灵，收录如下。

丁丁创业记：既然激情没有外卖，不如冬至再次复燃

壹

冬至是北半球全年中白天最短、黑夜最长的一天，过了冬至，白天就会一天天变长。正是这样，冬至在我看来才显得意义非凡。

总觉得这一天是最有希望的——如同黎明前的黑暗，过去了便可日渐光亮。因此，冬至也被我称为"励志日"。

忘记了从哪个冬至开始，我养成了在这一天为身边的朋友送去鼓励和祝福的习惯。结尾也总免不了加一句：冬至了，别忘了吃饺子……

想想五年前的冬天，刚刚创业半年，从一开始的兴奋已经转为焦虑。从打工者到创业者的心态转变还未完成，被工商、税务、街道种种关系牵绊，为了生存，啥业务都想接（谁让我名片上印的是"联思达整合机构"呢）。

那个时期总觉得有忙不完的事，又被医院查出早期癌（后经复查是误诊）……所有的事都不顺，仿佛是郁闷中迎来了冬至，我执念地要吃饺子"转转运"，结果，在一个不起眼的小饭馆排了一个多小时的队，终于吃上，却不知所味，唯一记忆犹

新的，是老友的来电。

相信异乡的他，今天早已忘记在那样一个吹着冷风的夜，曾经给我打过这个电话。可是我却始终不会忘记，因为这个电话曾让我觉得自己是那么的可笑。多年好友的他，职业生涯也走到了岔路口，想听听我的建议。还记得电话里，我理性地给他分析利弊，用尽几乎所有力量给他认可，听着他的声音从颓废到振作……

怀揣着自己满腹的茫然，居然还在为他人的前程指点迷津，如若当时他晓得我的迷茫，或许根本不会给我打这个电话吧。

然而，也正是这通电话，让我对冬至有了更深的感触。

贰

走过五年的创业生涯，每当内心摇摆，觉得坚持不下去的时候，我总是问自己，我还有什么理由再撑一撑呢？这个问题问了五年，每年都不尽相同。

2011 年是创业的第二年，我怀孕了。面对初创公司都会面对的压力，父母和老公都劝我还是先把公司关了吧。

可那时候的我，心里总是憋着一口气，不是因为争强好胜，更不是因为对自己有莫大的自信，只是觉得，我不能在此刻放弃。如果那一刻我放弃了，仅仅是为自己找了一个很好的借口，却让自己的孩子一生都背负"罪名"——看看，因为你，妈妈放弃了自己的事业，因为你，妈妈没有成功……

相反，我希望有一天孩子长大，我可以告诉他：因为你的存在，给了妈妈坚持的理由和更多力量。

因此，我一次又一次挺着大肚子踏上了差旅之路。

那时候跟某企业签了全年的营销服务合同，其中包括每月至少要去一次总部或者各地市场做调研指导，每次差旅大概一周。记得有一次出差路上，接到母亲打来的电话，因为过分担心我，加之她本身的疾病，反而把问候变成了犀利苛责！我只能一边忍受，一边默默地流泪。直到近两个小时后，妈妈终于说了一句平和的话——快到站了吧，先这样吧，自己多注意点……

听着电话挂断后的忙音，看了下时间，忙擦干眼泪，开始收拾妆容。坐在旁边的帅哥用惊呆的眼神问我：你是演员吗？我起先一愣，而后便是对他笑而不答。我抬眼看了看放在行李架上的箱子，又看了我的肚子，再看了看他，还没说出口的话，竟被他打断了：我帮你拿……

于是，我拖着箱子走出站台，深深地吐了两口气，面对接站的客户，仿佛整个人又打了鸡血一般。那个寒冬的傍晚，没人知道我哭过，除了坐在我旁边那个帮我拎箱子的帅哥。

参

孔繁任老师曾经跟我说过：所有人前的巧，都是背后的苦。我信。

怀孕七个多月时，肚子已经大到低头看不到自己的脚，我还一周出差了两次，一次上海，一次青岛。在青岛车站的扶梯叠踏经历，第一次让我真的感受到了恐惧……

由于接近落地处一个人的摔倒，整个扶梯的人相继叠罗汉式地摔了下去。那一刻，我第一反应除了用手护着肚子，便是在想到底从哪边倒下去才不会伤害到肚子里的孩子。幸运的是，我逃过了那一劫。

那一次，我第一次深刻感受到了什么是母爱的本能。

在连续疼了三天三夜之后，我居然还顺产了。连产房护士长都说这是一个小奇迹，她哪里知道支撑我坚持下来的全部信念，就是整个孕期对腹中小子的亏欠感：一直到进产房的前一天我还在工作，整个孕期因为糖尿病症状而始终控制饮食，每天超过12小时以上的工作，不足6个小时的睡眠。

看着可爱的儿子，回想着顺产的经历，让我对自己更有信心，我更加坚信没有什么是过不去的坎儿。比起生孩子的痛，创业路上所遇到的一切挫折，不过是产前的阵痛而已。于是，我决定把我和老公当时唯一的一处房产卖掉，来壮大我的创业之路。

肆

经过了一段时间的沉寂，终于迎来了一个翻盘机会——炸弹二锅头的造粉工程，正如冬至后的黎明，给我们带来了清晰的曙光。

也正是这一次的成功，让我及我的团队开始被重视，更多的客户知道了丁丁，知道了联思达。随后，最高纪录一天就有20多个客户找上门来，而我却并没有被这样的成功冲昏头，反而更加明确了未来的路该怎么走。

其后，被人们记得住的案例，开始层出不穷。

中粮集团腰果上市案例，被国内营销界泰斗人物卢泰宏教授收录到大学营销专业的必读教材——最新版的《消费者行为学》一书中，成为真正意义上的教科书级的案例。

从没有客户到选择客户，这两字之差，让我走了三年半的时间。

感谢那些陪我走过寒冬的人，更感谢那些不断鞭策我们努力向前的人，比如"三个爸爸"。

伍

接触到"三个爸爸"CEO戴赛鹰，是在炸弹二锅头项目成功之后，当时他还没有创业，通过我们对婷美的提案，他对我和我的团队有了更深的认知。于是，他从刚起念要做空气净化器开始，便将我们锁定，从早期调研到产品上市，从社会化营销到打造国内第一个众筹过千万的案例级项目。

在很多人都不知道众筹是什么时，我们和"三个爸爸"团队一起，在没有品牌、没有用户、没有产品的情况下，创造了一个奇迹。这也让更多的创业者关注到了丁丁。

从"三个爸爸"到"大可乐"，到"小鱼在家"，再到"鸟蛋"，我们帮助不少初创品牌打响了第一枪。但同时，我们也经常被创业团队感染着、打动着：all in 的精神、不分昼夜的付出、用心打造产品和对待用户……

联思达的过去五年，没有大惊喜，但有"小确幸"。感恩团队的付出和努力，更要感谢客户们一直以来的信任和抬爱。

参与感：激活粉丝的动力之源

可口可乐曾经说过，在自媒体时代，你无法控制消费者，但你完全可以让消费者参与其中。在 YouTube 上，关于可口可乐的视频有数亿次的点击，而这些视频里面可口可乐自己的内容很少，大部分都是粉丝自发创作并上传的。可口可乐在 Facebook 上面的主页，也是由两个可口可乐的粉丝自己创作的。

正是因为注重参与感，可口可乐这一百年老品牌才能永葆青春和竞争活力。参与感可以带来成就感和归属感，最终实现粉丝对品牌的忠诚度，这就是粉丝营销的逻辑。

由此可见，如今已经不再是一个单纯卖产品的时代，而是卖参与感的时代。

让用户从幕后登上舞台

一直以来，企业和用户两者之间的关系并不是对等的。在商业舞台上，企业长期处于舞台中央，尤其是拥有一定品牌知名度的企业，而消费者却总处于弱势地位。

互联网彻底颠覆了人们传统的工作和生活方式，普拉哈拉德在《消费者王朝》中所设想的，企业和消费者共创价值。消费者为王的时代已经确实到来，消费者已经当仁不让地登上了舞台，成为主角。

"第一是参与感，第二是参与感，第三还是参与感。"谈及小米手机的成功因素，雷军如是说。在小米内部，参与感已经被奉为圭臬，成为商业铁律。

小米成功的本质在于尊重消费者，将消费者由幕后请到舞台中央。尽管小米的案例很难复制，但"参与感就是成就感"的理念却让很多中国企业深受启发。如今，放眼望去，参与感已经成为商业运营的基本法则。

所谓参与感，首先是放低自己的身段，甚至不惜通过"自黑""自嘲"来颠覆传统品牌高高在上的地位和印象。俗话说，海纳百川，有容乃大，只有让自己成为一片洼地，才能吸引涓涓细流。

许多传统品牌正是领略了此中真意，才义无反顾地走上了"自黑""自嘲"的道路。

比如2017年年底，小茗同学限量推出的2000箱特殊包装的产品，被他们称之为"不要脸"的空白瓶。瓶身上，小茗同学只有一个空的脸部轮廓，而五官全部消失！你以为是出厂时印刷错误？其实，这是小茗同学在迎合年轻人的娱乐心理和参与感，鼓励消费者打开脑洞，信手涂鸦，随心创作一张脸来玩……图3-5为小茗同学"不要脸"空白瓶涂鸦成果。

这还不够，小茗同学干脆自黑到底，配合这款限量产品，专门推出一个H5页面——"测试你的不要脸指数"（见图3-6）！

消费者只需要上传面部照片到H5中瓶身上留出的空白脸，选择一个滤镜，保存画面，留下地址，就有机会在一周左右收到史上独一无二的印着自己脸的"定制表情瓶"。

对于这波操作，小茗同学解释说："现在的年轻人都流行自黑，自黑的最高境界，常常就是戏谑性地说自己'不要脸'。其实，这反映的是他们放下面子，保持自我的人生态度。一向卖萌的小茗同学，为什么不能和消费者更深层次地互动一下？于是我们决定邀请消费者，尤其是爱喝小茗的同学们，和小茗同学一起'不要脸'。"

营造参与感的前提首先是放低姿态，甚至通过自黑来拉近与用户之间的距离。小茗同学如此，霸王洗发水同样如此。霸王洗发水更换代言人，这个代言人的选择也颇有"自黑"性质，新代言人是青年创作人毛不易，对此有网友戏称，从此"脱毛的确不容易"。

图 3-5　小茗同学"不要脸"空白瓶涂鸦成果

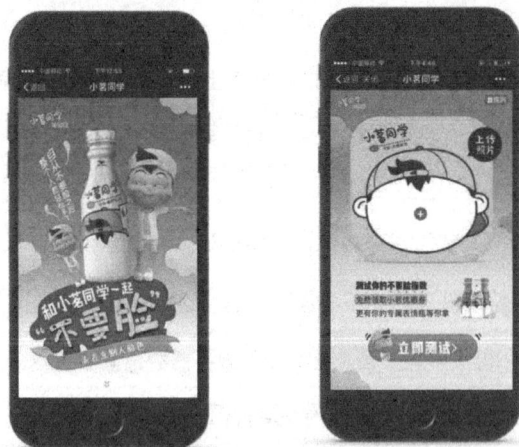

图 3-6　小茗同学"不要脸指数"测试 H5 页面

角色扮演：粉丝社群的"津巴多"效应

斯坦福大学的心理学家菲利普·津巴多教授曾经对学生做过一个实验，来测试人们对于角色认知和扮演的热情。实验把这些学生随机分为两部分，给每一部分人都安排了角色：一部分人为"看守"，另外一部分人为"罪犯"。

很快，他们就真的开始假戏真做了，罪犯承认了看守的权威地位，无论看守吩咐什么都唯命是从，而看守甚至开始有"虐待"囚犯的倾向。

最终，研究人员不得不终止了实验。

"津巴多实验"证明了个体在学习一种新角色时是多么迅速。

莎士比亚曾经说过："世界是一个大舞台，所有的男人和女人不过是舞台上的演员。"无论生活还是工作，都是由一个个场景和情境组成的，每个人都是演员，在场景中扮演着自己的角色。

提升粉丝参与感的重要手段，就是通过场景和角色的设计，使粉丝在角色扮演过程中沉浸其中。

在《创造101》这档现象级综艺节目中突然火起来的王菊，其成功的关键点就是让粉丝产生角色代入感，一句"重新定义中国女团"，让很多人"路转粉"，自愿肩负起改变一个行业甚至影响一个时代的使命。

同样，小米的"为发烧而生"，樊登读书会的"帮助3亿国人养成阅读习惯"，都是这个道理，通过一个崇高而热烈的目标，让无数人产生角色认同。

UGC 传播：让用户影响用户

"你的广告费有一半浪费了，但不知道是哪一半"，传统的广告和公关在媒体呈现碎片化的今天，面临越来越多的挑战。

很多企业发现，虽然传播费用一涨再涨，效果却越来越不如人意。

相比传统的广告方式，让用户影响用户将会是一种越来越有效的方式。在很多情况下，消费者的购买决策并非是看到了广告，而是在社交媒体上看到了其他用户的炫耀、晒和分享。

如今，年轻消费群体已经越来越不相信广告了，品牌如果不能给他们切实的良好体验，不能够与他们的诉求实现精神契合，他们就不会为其买单。

相比厂家的广告，他们更愿意相信朋友圈或者社群中的分享信息。

买到产品和服务之后，部分粉丝会将自己的购买体验变成 UGC，这些 UGC，显然比传统的广告更接地气，能够更有效地对其他粉丝施加影响。

前文我们提到电影《我不是药神》成功的一大因素是同理心的使用，其实还有很重要的一点，就是其在传播中对参与感和用户口碑的引导和把控。

当我们在聊这部片子时，你会发现，它有一个绕不开的标签——点映。

点映，就是在电影还未正式上映之前，先选一部分影院和观众进行预先播放，当然，影院和观众的选择都是很有讲究的，通常是与自身影片内容高度契合，而且有传播能量的群体。它的核心目的只有一个，就是向观众要口碑，引发二次传播。先培养种子用户，再借助种子用户的影响力去影响其他人，最后达到口碑引爆，建立品牌势能。

在口碑为王的社交媒体时代，朋友或者意见领袖（KOL）的推荐，转化效果要比品牌单方面的宣传强太多了。这也正是《我不是药神》片方的高明之处。

《我不是药神》上映之后，之所以能够狂飙突进，对同期的影片形成碾压，很关键的一点就是点映产生的口碑带动效应，我们看到，电影还没正式公映，社交媒体上就出现了大量的好评，包括一些意见领袖，甚至明星（见图 3-7）。

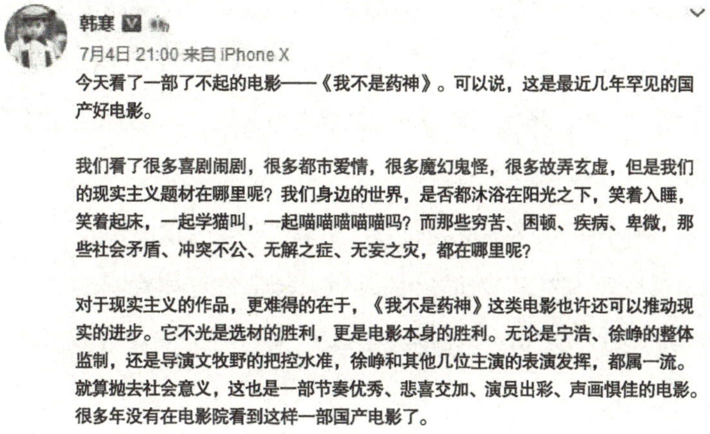

韩寒 V
7月4日 21:00 来自 iPhone X
今天看了一部了不起的电影——《我不是药神》。可以说，这是最近几年罕见的国产好电影。

我们看了很多喜剧闹剧，很多都市爱情，很多魔幻鬼怪，很多故弄玄虚，但是我们的现实主义题材在哪里呢？我们身边的世界，是否都沐浴在阳光之下，笑着入睡，笑着起床，一起学猫叫，一起喵喵喵喵喵吗？而那些穷苦、困顿、疾病、卑微，那些社会矛盾、冲突不公、无解之症、无妄之灾，都在哪里呢？

对于现实主义的作品，更难得的在于，《我不是药神》这类电影也许还可以推动现实的进步。它不光是选材的胜利，更是电影本身的胜利。无论是宁浩、徐峥的整体监制，还是导演文牧野的把控水准，徐峥和其他几位主演的表演发挥，都属一流。就算抛去社会意义，这也是一部节奏优秀、悲喜交加、演员出彩、声画惧佳的电影。很多年没有在电影院看到这样一部国产电影了。

图3-7 韩寒微博截图

参与感就是成就感，成就感就是存在感，存在感是每一个人作为社会动物的基本心理需求。

战术执行：参与感"三三法则"

在消费平权的移动互联网时代，参与感的重要性毋庸置疑。那如何打造参与感呢？小米联合创始人黎万强曾提出"三三法则"（"三个战略"+"三个战术"），我觉得在参与感打造方面，至今没有一个方法论可以超越它。这里借用一下其中的"三个战术"。

三个战术：开放参与节点，设计互动方式，扩散口碑事件。

"开放参与节点"是把做产品、做服务、做品牌、做销售的过程开放，筛选出让企业和用户双方获益的节点。很多互联网产品在正式上线之前都会出测试版，这里强调的不仅是内部人员或小范围的测试，而且是让更多核心用户参与进来。需要注意的是，开放参与节点应该基于功能需求，越是刚需，参与的人越多。

"设计互动方式"也可以算作是一种活动运营。根据开放的节点进行相应设计，互动建议遵循"简单、获益、有趣和真实"的设计思路，互动方式要像做产品一样持续改进。

"扩散口碑事件"主要靠新媒体运营。先筛选出第一批对产品表示认同的粉丝，小范围发酵参与感，把基于互动产生的内容做成话题和可传播的事件，让口碑产生裂变。这一步相当于我们说的打造粉丝基本盘，通过活动引导产生圈层裂变，从核心层到影响层再到外围层。

扩散的途径主要有两种：一是在开放的产品内部植入鼓励用户分享的机制，现在已经很普遍了，比如樊登读书会鼓励会员邀请好友加入，邀请成功则奖励相应的积分，积分可以兑换成等值的内容产品；二是官方在与用户互动的过程中发现话题，做 UGC 的二次传播，或者深度事件传播，这则需要一定的分析、策划能力和对用户心理、传播原理的把握。

圈层、情感、参与感是我们整个深度粉销体系的三大黄金法则。什么是黄金法则？就是做任何一个项目都离不开它们。**这里需要提醒各位读者的是，这三大法则并非割裂开的，而是紧密关联、有机融合的，在实际运用中，很难单纯地界定谁是谁，比如情感需要参与感来激活，参与感也需要情感来赋能，单纯的情感或参与感都无法发挥出最大效力。**这里面，圈层是一个对标因素，应当根据不同的圈层，配置不同的情感和参与感，设计不同的玩法。

粉丝营销为何"一学就会，一用就错"

"一学就会，一用就错"，这是在定位圈里达成共识的一个悖论。今天，我们对于粉丝营销的认知也正面临同样的窘境。

很多企业对小米、苹果的案例非常熟，对互联网思维、用户思维也倒背如流，但粉丝营销就是做不好，问题究竟出在哪里？

被动转型，没有系统的支撑和清晰的目标

用马云的话来形容非常贴切：对待新生事物，我们通常都会经历四个阶段——看不见、看不起、看不懂、来不及。传统企业对于粉丝营销的认知同样也是这四个过程。

国内企业对于粉丝的认识大部分是受小米的影响。2011 年 12 月 18 日，小米手机 1 第一次正式网络售卖，5 分钟内售完 30 万台。这件事极大地刺激了传统企业的神经，要知道，在线下渠道 30 万台的销售需要砸多少资源和时间成本才能实现啊！

开始的时候看不见、看不起，等到看见的时候已经看不懂了。当看到风口之上"猪"也飞起来时，在趋势的压力逼迫下，很多企业只能被动转型。

被动的结果就是内因不足，整个转型过程就像是一系列的应激反应（比如开个微博、微信），没有系统的支撑和清晰的目标，整个组织更没有形成自下而上的共识。这导致的直接后果就是转型没有抓手，四处出击，毫无战力。

此外，由于没有亲身体会过粉丝的力量，所以对于粉丝的认识只能停留在概念

和一组组数据上，而粉丝营销的理论基础就是尊重个体价值和个性化需求，这也是粉丝与消费者最本质的区别，认知不够，结果也可想而知。

老板与执行者不在同一个思维框架下思考

颠覆式创新之父克里斯坦森曾分别为柯达和英特尔做过战略咨询，但这两家公司的结局却截然不同。柯达虽然有小的局部创新，但却没能力挽狂澜，在互联网时代已经沦为潮流之外的旁观者；英特尔则凭借"赛扬"处理器的成功度过了险境，至今仍是时代变革的主角。

这是为什么呢？

克里斯坦森曾在一次访问中回答了这个问题。他说，柯达的失败就在于只是将创新定位为老板工程，或者叫领导者工程，没有从整个组织架构体系上全盘考虑。他们在公司内部成立了一个独立的小部门，生产更低价的 EasyShare，后来只是因为领导者的变化，小部门的独立性丧失了，市场份额从 30% 跌至 12%，最后的结果已经尽人皆知。克里斯坦森解释说，柯达的领导者并非阻碍创新的领导者，但他们显然没有理解团队的创新语言和思维方式。

跟柯达不同的是，当时担任英特尔董事长的格鲁夫在听完克里斯坦森讲课后，并没有告诉他的团队应该怎么做，赛扬处理器也并非他的决定。他只是在之后的一年把 18 个团队的 2000 多人送到哈佛商学院学习，这让整个公司都用同一套语言和思维框架来讨论问题，所以达成了一个"反常规"的共识，这就是当年把英特尔拯救出困境的最重要支点。

讲柯达跟英特尔的案例，就是想强调一点，企业的管理和运营是组织行为，而不是个人行为，组织目标的达成需要上下协同，而协同的实现就需要在同一个话语体系和思维框架下沟通和讨论问题。

与之相反的是很多传统企业，尤其是中小规模的企业，凡事都是老板亲力亲为，对于底下的员工只强调执行力，不注重内部沟通，在不了解、不理解甚至有意见的情况下，员工的执行效率和结果必然大打折扣。

我们遇到很多这样的企业，往往老板对互联网和粉丝营销很热心，但执行层面的员工，尤其是跟随他一路打拼的中高层，由于年龄原因，对新生事物比较排斥，与老板不在一个层面上思考问题，这就导致整个转型非常"拧巴"。

中国企业的老板非常勤奋好学，一年到头不停地参加各种MBA、商学院的培训课程，但需要注意的一点是：创新或转型不成功，有时不是理论或战略的执行者有问题，关键是，理论从个人的理解到组织的接受，是一个漫长的过程。

组织僵化，无法支撑整个营销体系的转型

我们一再强调，粉丝营销是一个系统工程，而不仅仅是营销部门的事。做粉丝营销需要打破部门内部的层级壁垒和部门之间的边界，在同一目标下形成协同效应。

传统营销，通过中心化媒体的广告投放，一个品牌概念可以传播一年。而进入互联网时代，尤其是移动社交媒体时代，品牌传播不再是说教，而是变成了互动，这就要求传播活动更加精准和高频，要求整个营销体系更加灵活和快速反应。而且这种反应不仅仅体现在营销和传播层面上，还要快速传向销售、生产、研发层面，并且要快速体现在市场当中的商品上。

显然，过去那种相互独立、各扫门前雪式的组织架构体系已经无法满足这种高效的要求。德鲁克先生曾说过，未来的组织是有组织无机构的，它强调灵活性、开放性甚至无边界。传统的组织是层级式的，而未来的组织是网状的，其核心是激活组织成员的个体价值，而不是管控。

针对这种组织体系的搭建，我们也提出了一个概念：**全粉丝价值链**。当前，大家讨论粉丝营销多在渠道端和用户端，而我们认为，在企业内部的组织搭建和

管理中同样需要粉丝思维，即将员工变成企业或品牌的粉丝，或者直接从粉丝中招募员工（小米与江小白的一些员工就来自其粉丝），用与粉丝相处的方式来管理员工。

这样一来，就将过去组织管理当中的 KPI 导向转向价值导向和情感导向，变雇佣关系为合伙人关系（比如星巴克一直秉持"没有员工，只有合伙人"的理念，所有员工一视同仁，店长与店员穿同样的衣服）。只有这样，才能真正打破组织的结构和边界，而粉丝营销的终极形式也一定是无边界的，营销人员与用户是合为一体的。

渠道冲突，导致营销落不了地

过去，很多企业都是依靠线下的渠道体系生存和发展的，现在突然弄出来一个线上渠道，势必会损害线下渠道商的利益，他们必然会抵制，甚至揭竿而起。而没有线下渠道的配合，粉丝营销是落不了地的。尤其是新零售的崛起，未来线上线下的协作将更加重要。

在新零售体系中，线上承担的是引流和销售的职能，而剩下的体验、配送、售后等服务职能则需要线下渠道商的配合。

粉丝营销的基础之一就是信任，信任源于口碑，而口碑很大一部分来源于个性化的服务。

要解决线上线下的渠道冲突问题，就需要设定合理的利益分配和价值共享机制。

品牌传统形象固化了消费者认知

比如娃哈哈。为了顺应互联网潮流，迎合年轻消费群体的喜好，娃哈哈这些年一直没有停止创新，其最典型的就是"小陈陈"这款产品。从产品名称到卡通包装，再到广告语"理理气，顺顺心，找我小陈陈"，还有迎合"90后"的一些推广活动，无论从哪一方面看，这都是一款具有典型互联网特征的产品。但可惜的是，小陈陈并没有在市场上引爆，而是在小茗同学的碾压下很快退出市场。

事后，有很多人分析其失败的原因，有人说产品不好，有人说是诉求错位（陈皮的目标群体是中老年人），这些分析都有道理，但我们觉得恰恰漏掉了很重要的一点，那就是娃哈哈传统的品牌形象对于这款新产品而言，让消费者形成了认知障碍。

传统认知中，娃哈哈是什么形象？饮料巨头、央视标王、中国首富、家长式管理……总之就是：传统、严肃。这就好比你一向尊敬的一位师长突然在你面前嗲声嗲气地卖起萌来，是不是觉得有点别扭？

定位理论的伟大之处正在于发现了心智认知对于品牌塑造的重要性，一旦一个品牌认知建立起来，要想打破它几乎是不可能的。那对于娃哈哈这样的企业而言，如何才能突破这种认知惯性？

有两种方式：第一，与母品牌切割，打造独立品牌，比如，娃哈哈可以另外打造一个新品牌，交给宗庆后的女儿宗馥莉来运营，年轻人与年轻人之间可以更快地拉近距离；第二，品牌 IP 化、人格化，通过掌门人代言、互动的方式，赋予品牌以个性和调性，比如董明珠、雷军、马云，都是很好的例子，这样可以让品牌形象更丰满，更有血有肉，从而解构掉品牌与用户之间的距离感。

产品逻辑颠倒，无法满足个性化需求

最后一点，也是最重要的一点。在过去供不应求的时代，产品只要生产出来就不愁卖，这时候基本用不着营销。后来，随着竞争主体的增加和生产能力的提高，开始供大于求，这时候营销的主题主要是围绕产品特性造概念。进入互联网时代后，渠道和信息的垄断被打破了，再玩概念已经不灵了，互联网给商业带来的一大变化就是消费理性的回归和营销的去伪存真，在这个时代，只有真正差异化、能满足个性化需求的产品才能生存。

多数传统企业的产品逻辑还停留在泰勒时代的成本和效率竞争，为了压缩成本和实现效益的最大化，只能选择生产满足所有人最低体验标准的产品。这种逻辑导致的最终结果就是产品高度同质化和价格血战。

产品同质化，就只能在心智层面寻找差异化，这也是为何定位理论在这一时期大行其道的根本原因。但进入互联网尤其是移动互联网时代之后，信息的获取和传输路径由集中走向分散，每个个体既是信息的接收者，又是信息的发布者，定位理论作用的基础消失了，口碑和信任取代广告，成为品牌建立的基石。

那是不是移动互联网时代就不需要定位了？当然不是，心智规律仍然有效，只不过我们要跳出传统的商业逻辑，转用互联网的方式和粉丝思维去寻找和建立定位点。

要讲清楚这一点，就绕不开"人、货、场"这一零售的基本要素。在不同的市场时期，这三者的顺序和关系是在不断变化的：

物质短缺时代，"货"毫无疑问是第一位的，需大于供，任何产品都能很容易卖出；

传统零售时代，物质极大丰富后，"场"占据了核心位置，唯有争取到优质的渠道资源，品牌才能在商品的汪洋大海中脱颖而出；

互联网时代，尤其是新零售时代，渠道与信息的垄断被打破，个体意识以及个体价值崛起，"人"成为首要因素。

传统的定位逻辑要么聚焦于"货"（产品），要么聚焦于"场"（渠道），而移动互联网时代的定位则要求聚焦于"人"，真正做到"以人为本"。这才是两者的本质区别。

过去是先有产品后有定位，未来则是先有定位后有产品。先找到自己的原点人群，然后基于人来设计产品，比如小米、三个爸爸、江小白、雷神都是如此。这也是粉丝营销的精要所在，先找到"对的人"，再根据需求提供服务和产品。

在这种逻辑下，你会发现行业的边界、渠道的边界都被打破了，比如小米、超级物种、盒马鲜生、茑屋书店，你很难用一个行业、一种渠道去定义他们，用传统的定位观点来看，他们是违反"聚焦"的，但在"人"的层面，他们又进行了最大程度的聚焦，最接近商业的本质。

粉丝营销是一个系统工程，不能仅仅停留在营销层面，也不能沦为一把手工程，而需要整体和全员精进。此外，粉丝营销还是一门实践的学问，只有亲身参与其中才能不断进步，而作为旁观者就永远也学不会。

AKB48 的粉丝经济学

麦克凯恩曾在《商业秀》里说道："所有的行业都是娱乐业！"

娱乐成就了很多伟大的公司。麦当劳全球市值 1500 亿美元，其创始人曾表示，"麦当劳不是餐饮业，而是娱乐业"。2016 年，苹果年收入达到 2157 亿美元，超过了 105 个国家　年的 GDP，其创新点就是科技与娱乐的结合。

而在中国，娱乐已经成为品牌与消费者进行有效沟通的重要手段和方法。

不仅如此，在娱乐第一的年代，营销的很多思维和方法也直接师从娱乐业。比如，粉丝营销的理念就是从娱乐圈得到启发，从早期明星卡带的销售，到以超女为代表的泛娱乐经济，再到当下的《偶像练习生》《创造 101》等养成系明星的粉丝经济闭环，不断迭代的新形式为营销发展提供了源源不断的灵感。

而要说对营销影响最大的娱乐圈案例，则非 AKB48（见图 3-8）莫属。这个成立于 2005 年的岛国女团深刻影响了营销界的走向，当今许多成名的企业都受过她们的影响。比如小米，不管它有没有公开承认过，雷军关于参与感的领悟，很多都是来自这个女团的实践。

毫不讳言，我们的深度粉销理论体系也是受此启发，一步步在实践中演化出来的，尤其是"圈层、情感、参与感"三大黄金法则，都在这个案例中得到了淋漓尽致的体现。

图 3-8　日本国民少女偶像团体 AKB48

　　提到日本 AKB48 团体，往往会有人认为就是成员数量为 48 个少女的组合。事实上，AKB48 名字中的数字与人数并无关系，而是来自 office48 社长芝幸太郎的姓氏（日文中"芝"的读音与"48"相近）。这个成立于 2005 年 12 月的养成型偶像团体，诞生于东京秋叶原地区，其在该地区拥有专门的表演场地（见图 3-9），目前已经拥有 AKB48、SKE48、JKT48 以及 BNK48 等多个姐妹团体，成员总人数已经超过 300 人，可以称得上是世界上规模最大的偶像团体。

图 3-9　秋叶原 AKB48 剧场

除了成员人数上的突破，AKB48 还创造了很多惊人纪录，其不仅保持着日本史上女歌手单曲销量的最高纪录，还在免费思维盛行的移动互联网时代，在音乐产业式微的今天，实现了单曲 CD 总计超过 4000 万张的销量，这是日本流行音乐史上无人能及的惊人成绩。

这个偶像团体运用具有"魔性"的营销模式，不仅实现了弯道超车，还创造了 AKB48 经济学——这实质上就是一部活生生的粉丝经济学。

在互动中养成：引爆"宅男"圈层

所谓偶像明星，大家通常的认知是高高在上、遥不可及，只生活在广告和电视里，现实中很难与粉丝产生交集。而 AKB48 则从一开始便定下了"可以见面的偶像"这样的营销理念，而且每天坚持在东京秋叶原 AKB48 小剧场里公演。

宅男群体是这一少女天团初期的核心受众。从本质上讲，这些宅男的社会地位不高，缺乏归属感和价值感，渴望被重视和尊重。彼时的日本和今天的中国类似，实体唱片的销量越来越低，演唱会门票又越卖越贵，"有闲没钱"的年轻人，掏不起动辄数百的门票费。因此，AKB48 把每次公演的门票价格定为几十元人民币。

既然是"可以见面的偶像"，除了日常的"约会据点"AKB48 剧场之外，AKB48 还需要和粉丝之间创造更多触点，于是"握手券"顺势而出。这些握手券均随单曲及专辑附送，粉丝凭借每张握手券可与偶像握手 10 秒（握手券可累积使用）。

为拉近与粉丝的距离，AKB48 每年都会举办多场大大小小的握手会（见图 3-10）。类似的活动还有综艺节目、粉丝运动会等，这样的活动只需要粉丝有一定的消费后便可参与。对此，AKB48 之父——总制作人秋元康表示，目的就是为了"让粉丝们亲身经历她们在自己眼前渐渐成为明星的过程"。

图 3-10　AKB48 握手会

在握手会上，令人心仪的穿着短裙、扎着双马尾的偶像，对自己的粉丝展露出邻家妹子式的甜美微笑，小撒娇式的简短话语，松手时恋恋不舍的眼神……都成为偶像对粉丝的"养成"过程。

AKB48 还会定期邀请一些核心粉丝担任重要活动的嘉宾，因此，参与 AKB48 的活动让宅男们感觉自己受到了前所未有的重视。凭着这样的亲和力，粉丝又通过社交媒体，引导更多粉丝的加入。

当然，AKB48 的成员们也会通过社会化媒体与粉丝分享每天的心情和收获，积极回复粉丝的博客、推特、G+ 留言。她们以各种各样的方式，不断出现在粉丝的面前，使粉丝感觉到自己喜爱的 AKB48 成员不是高高在上、遥不可及的偶像，而是想见就能见，和自己一起成长的邻家妹子。

AKB48 偶像养成的过程，实际上就是一个粉丝增加的过程。

选举定排位：给予粉丝充分的参与感

对于 AKB48 的成功，秋元康曾总结："并不是表演技巧的登峰造极，也不是别的艺人上台所展现的近乎完美的一面，恰恰相反，AKB48 是未经雕琢的，让粉丝可以陪着她们从一无所有走向顶点。"

为了让粉丝更深度地"陷入"，秋元康又推出了一个更具杀伤力的经营对策——让粉丝决定 center（主角）。在成员的选择上，AKB48 采用的是海选机制，不是直接采用已经成名的偶像或者"巨星"，而是挑选一些普通女孩，选择"未完成"的偶像，让偶像和粉丝一起成长，一起经历成功的喜悦，分担失败的痛苦。当规则与粉丝的民意相悖时，AKB48 在遵守规则的同时，也会充分考虑粉丝们的民意，使粉丝更加相信自己的力量，获得更强的参与感。

在 AKB48 的全部竞选过程中，竞争最为激烈的，莫过于决定下一张单曲选拔阵容"排位"的总决选。总决选通过粉丝票选的方式公平竞争，人气最高的首席偶像可成为领衔主角，进入前 16 强的则可以在"投票单曲"MV 中露脸，还可以获得更多的资源倾斜。

将偶像站位的决定权交到粉丝手上，牢牢拴住了每一位粉丝的心。总决选表面上是对成员一年努力的评定，实质却是各位偶像粉丝之间的对决。粉丝们在规定时间内，通过手机下载 App，以充值会员的身份投票或购买投票券投票（可多买多投），再或以更贵的价格买碟（买券）参与投票。

粉丝的每一票都可能关乎自己偶像的最终排位和命运，这种赋予粉丝的使命感和责任感，让他们更加踊跃参与和投入，甚至某些铁粉不惜牺牲自己的时间和金钱，疯狂地刷票。

2016 年 6 月，在 AKB48 的第 8 届总选中，总投票数累计达到 3255400 票，总选结果在 3 万名现场观众的见证下揭晓，中国几大视频平台也都参与了全球同步直播（见图 3-11）。

图 3-11　AKB48 第 8 届总选举冠军指原莉乃

在最近几届总选之前，即便是在其涉足不深的中国，也总会有中国粉丝在百度贴吧、淘宝等平台上，不遗余力地为异国偶像集资数百万元人民币，购买数万张选票，跨国"应援"（粉丝给偶像投票）。这种疯狂，让日本宅男界也为之瞠目结舌。

秋元康认为："消费者从根本上是喜欢占便宜的感觉的"，他们将"愿意出钱的粉丝才是真正的粉丝"这一信条奉为圭臬。

日常的陪伴、见证，甚至决定偶像从一无所有走向顶点，这种"陪着你长大"的归属感，决定了粉丝们精神与财力的双重投入。除此之外，AKB48 为了扩展盈利区，还围绕核心粉丝群体开发了大量的周边产品。

全程高频事件营销：用励志故事锻造情感链

在受众审美偏好难以把握的残酷竞争环境之下，AKB48 除了坚持让观众欢喜的原则之外，还不停地进行事件营销，图 3-12 为 AKB48 事件营销的机制。

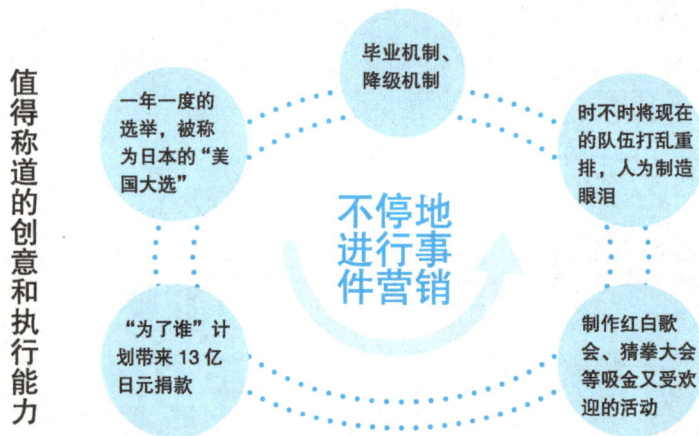

图 3-12　AKB48 事件营销机制

图 3-12 中事件交替出现，就像一个不断转动的摩天轮，使得公众的注意力被牢牢吸引。在这样的机制下，幕后策划团队又针对不同的群体，设置不同的场景，同时设计话题链，以此来不断吸引粉丝关注。这样，即使观众审美偏好发生了变化，AKB48 也能迅速调整，继续迎合观众的喜好，成为"长青树"。

比如，根据受众的反馈快速做出变化的筱田麻里子事件。筱田麻里子原是一个在剧场咖啡店打工的女孩，尽管她尽了最大努力，但还是在海选中不幸落选。在她落选之后，粉丝希望她重新登台的呼声越来越强烈，最终她竟然奇迹般地登上了舞台，并多年霸占总选举的前三名。

再比如前田敦子，本是一个长相一般的女生，但却被秋元康当成王牌推上 C 位（演出时站在整个团体最中央的位置，是团队表演的核心），成为国民偶像。而前田敦子从"丑小鸭"蝶变为"白天鹅"的过程也传达了 AKB48 的精神内核——通过努力，再平凡的人也能成功。

毋庸置疑，AKB48 凭借热点事件营销和故事营销，传递了一种精神和梦想，颠覆了偶像在人们心中的刻板印象。她们用行动证明：偶像可以来自我们身边，可以颜值不高，甚至长得一般。在 AKB48 的舞台上，普通人通过自身的努力，一样可以成为万众瞩目的明星。这些 AKB48 成员的励志故事，在日本通货紧缩的经济大背景以及"失去的十年"之后显得弥足珍贵。

AKB48 还设置了特殊的阶段制、淘汰制和毕业制。事实上，就像偶像成员不断迭代一样，其粉丝团也在不断迭代。只不过这种迭代的背后，有较稳定的自组织和自运行机制，通过互动、交流，有海量的粉丝不断补充，粉丝团也在这个过程中实现自我价值，收获成就感。

AKB48 是对传统偶像运营模式的颠覆，在同类少女组合不断出现的今天，仍然能够在市场上独树一帜。其中，将偶像还原为现实生活中触手可及的人，并真正融入粉丝的生活圈，这种更接近用户、接近粉丝的做法功不可没（见图 3-13）。

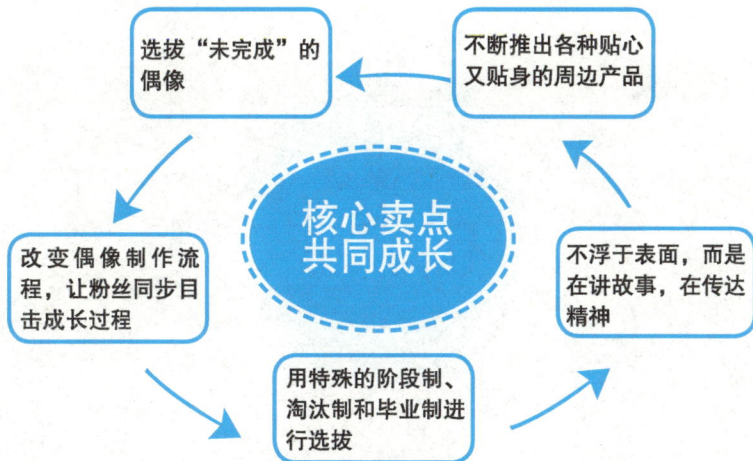

图 3-13　AKB48 的运营策略

第 *4* 章

实操攻略:

如何运营一场高效的粉丝活动

∨∨∨

SUMMARY

　　社交商业时代，社交和商业有着密不可分的联系，越来越多的企业开始认识到"无粉丝、不品牌，无互动、不销售"的现实。如今，粉丝营销越来越深入人心，与之相伴的是粉丝营销的门槛也逐渐在筑高。没有创新，就很难取得真正意义上的成功。因此，对于每个探寻粉丝营销奥秘的企业而言，如今最大的考验并不是粉丝营销有没有前景，而是如何做好粉丝运营工作，让粉丝的价值发挥到最大。

活动策划：如何打造一场成功的粉丝活动

粉丝活动与传统营销活动的区别

提起活动，相信大多数人都不会陌生，企业常见的活动有促销活动、经销商大会、新品上市推广等。但谈及粉丝活动，不少人感到陌生，或许听说过，但对于如何实施却并不知晓。

粉丝活动，通常是需要线上和线下配合的，这是与传统活动最大的不同。图4-1清晰地对传统活动和粉丝活动进行了一番对比。实际上，参加过粉丝活动的人能够一眼看出两者的区别。

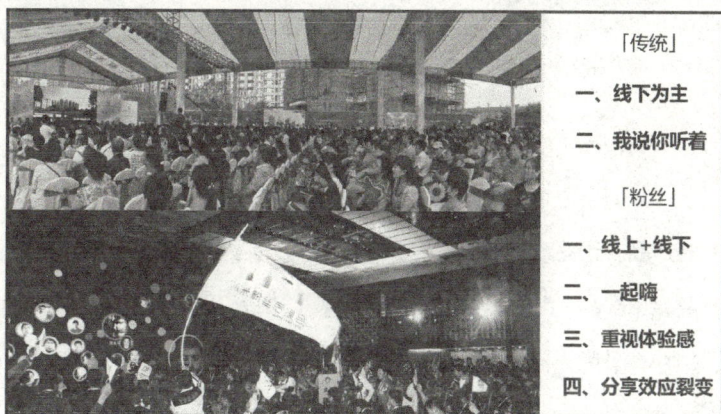

图4-1　传统营销活动和粉丝活动的区别

两者最显著的区别在于：传统活动是台上的人说，台下的人听，通常只有一个中心；而粉丝活动则有多个中心，提倡大家一起"嗨"。此外，可以看出，线下粉丝活动的整体氛围更热烈。实际上，传统活动和粉丝活动的区别不仅于此，传统活动和粉丝活动在与会者参与方式上也有很大不同。

传统活动参与者更多是"听"和"看"。粉丝活动中，粉丝本身就是主角，是活动的参与者和设计者。传统活动从活动主题到活动细节设计及执行都是由主办方决定的，而粉丝活动的主题是主办方设定的，但现场有很多内容是粉丝自行创造的。换言之，粉丝自己会创造活动内容本身。传统活动结束后，主办方通常会通过媒体对活动进行报道，而在粉丝活动中，粉丝自己会将活动的精彩画面在朋友圈进行分享，从而影响到更多没有参加活动的人。

也许很多人会问："品牌已经有知名度了，还需要粉丝吗？"没错，很多企业已经有品牌，但这些品牌具有以下三个特征：第一，有产品无关系；第二，有用户无粉丝；第三，有品牌无 KOL 圈子（见图 4-2）。

有产品无关系　　　　有用户无粉丝　　　　有品牌无KOL圈子

图 4-2　多数品牌现状的特征

1. 有产品、无关系

产品是单向的，没有关系链。对于有多少用户，用户是谁，没有清楚的画像。同样，用户与品牌之间也没有情感联系，仅仅是消费关系，消费完了，就一点关系都没有了。

2. 有用户、无粉丝

这一点大家都很清楚，厂商和消费者之间只是弱关系，厂家卖，消费者买，除此之外，就没有别的关系了。

3. 有品牌、无 KOL 圈子

所谓 KOL 圈子，就是核心用户群体、意见领袖的圈子。任何品牌都需要这样一群人帮他们代言，我们所说的用户证言大多是从这群人中来的。

综上所述，对于企业而言，如何办好粉丝活动是一门非常重要的学问。接下来，就让我带领大家一起简单了解一些举办粉丝活动的注意事项。

你的粉丝活动为什么"不温不火"

凡事预则立，不预则废。同样，要做好一场粉丝活动需要了解7件事，这7件事可以概括为"5W2H"（见图4-3）。其中的"5W"是：WHAT（做什么）、WHY（为什么做）、WHO（面向谁做）、WHERE（在哪做）、WHEN（何时做）；2H是：HOW（怎么做）、HOW MUCH（砸多少钱做）。这个逻辑关系和顺序其实是可以微调的，但大概就是这样。

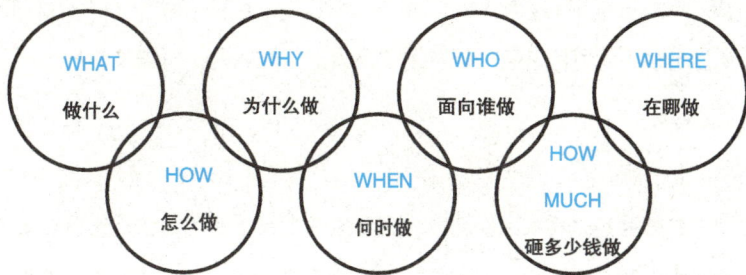

图4-3 5W2H 分析法

1. WHAT（做什么）

首先看 WHAT。WHAT 就是活动执行团队中每个人都要了解自己要做的事情是什么。这里的了解不只是要知道自己要做的事本身，还要了解这件事的前因后果，包括事情的背景，它为什么出现在这个时候，它出现的理由是什么。对于一场营销活动来说，就是要知道活动是针对哪个产品，目标是什么人群，要做一个什么样的活动。

第一个 W 中，最忌讳的就是只有领导者知道前因后果，手下的人则一问三不知，对活动本身了解片面。很多企业在执行活动的时候存在这样的问题，执行团队成员往往会将自己定位成执行者的身份，只需要听领导指挥，按部就班地工作就可以了。在这种情况下，活动很难做到完美。我认为，想要做一次成功的粉丝活动，每位团队成员都必须了解活动的来龙去脉。

2. WHY（为什么做）

第二个 W 是 WHY，就是为什么做，也就是活动的目标。在活动前必须结合品牌实际情况树立本次活动的目标，到底是要卖产品，还是为品牌提高传播响亮度。更细化的目标可能是你的 H5 活动页面要产生多少浏览量，文章大概吸引多少人阅读，招募活动大概要招到多少人，这些都可以成为目标。一定要先树立明确且切合实际的目标，再根据这个目标去进行环节设定、文章撰写之类的工作。

需要注意的是，目标设定切忌"假、大、空"，过于不切实际，基本相当于没有。比如，某公司的活动目标是做一场特别"高大上"的活动，引爆某个产品，这都属于假大空的目标。

我们曾经接触过这样一个企业：他们要做一个线下活动，但是他们自始至终都没有明确自己的目标是什么。一场线下 5~6 个小时的活动，安排了导演讲析、互动抽奖以及观影等无数个环节，每个环节的目标都不相同，最终这次活动也以失败而告终。一家企业如果连自己举办活动的目的都不清楚，怎么可能成功？所以，目标不怕小，但一定要切合实际且明确。

3. WHO（面向谁做）

第三个 W 是 WHO，就是我们常说的圈层和用户画像。结合你的产品属性和你想要的活动形式，明确自己的目标人群，并且进行针对性的分析。在明确 WHO 时，比较忌讳把目标人群定得过于笼统，或是分析做得不够彻底。什么是笼统？举例来说，活动目标群体是 27~45 岁的女性，就是一个很笼统的设定。下面我们来看一下所谓的用户画像（图 4-4 包含了用户画像的重要组成部分）。

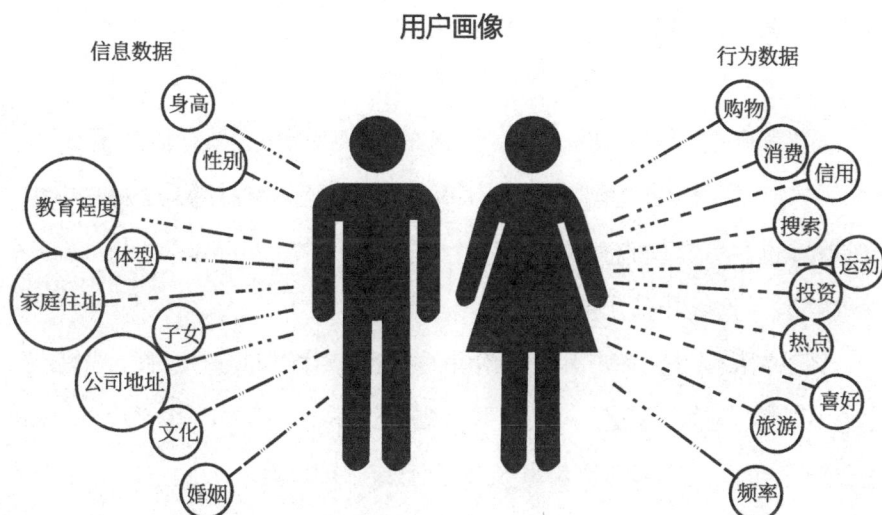

图 4-4　一个活动的用户画像

用户画像需要分析客户数个维度，比如说：搜索最多的内容是什么，平时会在哪些地方出现、消费和玩，兴趣爱好是什么……这些是我们做圈层时要关注的。根据不同的维度和兴趣图谱来确定核心层、影响层、外围层的用户。

核心层是我们认为最聚焦的群体，核心层里面的成员一定要对这件事天然就有感觉，这非常重要。影响层则必须是本身有影响力的人。在这里，核心层并不是 KOL，只要符合我们设定的人群特征即可。来体验、尝试了之后，就会产生 UGC，而这部分 UGC 是需要影响层来扩大到外围层的，所以影响层首先一定是 KOL，具有"专业性＋影响力＋爱尝鲜＋爱分享"四大特征。

4. WHERE（在哪做）

第四个 W 是 WHERE，就是要确定我们主要的传播渠道。需要在活动之前就明确，哪些渠道（社交平台）是这次活动的主战场。

比如说，要圈层文艺青年就要主攻豆瓣，因为豆瓣是文艺青年聚集地。如果圈层年纪大点的人群就偏微信，如果圈层"90 后"就主攻 QQ、A 站、B 站……

需要强调的是，渠道切忌太多，因为你的资金和资源可能是有限的。假如说你每一个渠道都要打，每个地方都要铺，那最终都是零零散散的子弹，没法集中火力。渠道太少也不行，假如这次你只主打一个渠道，万一发现这并不是目标用户真正活跃的渠道，到时候再进行调整成本就会非常高。

图 4-5 所示的是一张市面上比较常用的社会化媒体传播渠道分布图，当然，渠道并不局限于这些，图文分享或是一些短视频类 App 等，现在都非常受欢迎。渠道是日新月异的，大家要时刻了解当下市面上比较流行的东西。

图 4-5 社会化媒体传播渠道分布图

5. WHEN（何时做）

第五个 W 是 WHEN，强调要提前确定整个活动的节奏，明确每一道工序的具体时间节点，并落实到每一个人。需要注意的是，一定要选取合适的活动开始时间，尽量避开大型活动密集的时期和周末。

这个阶段比较忌讳的是活动时间推进表不够细致，缺少明确时间节点非常容易导致活动推进迟缓不畅。活动都是一环扣一环的，一个 H5 页面制作的滞后可能导致整个活动都会往后拖。

时间节点是我们一直在强调的，为了确保万无一失，在时间节点设计过程中，我建议活动设计者一定要画出甘特图，这样就能有效解决 HOW、WHEN、WHO 的问题（见图 4-6）。

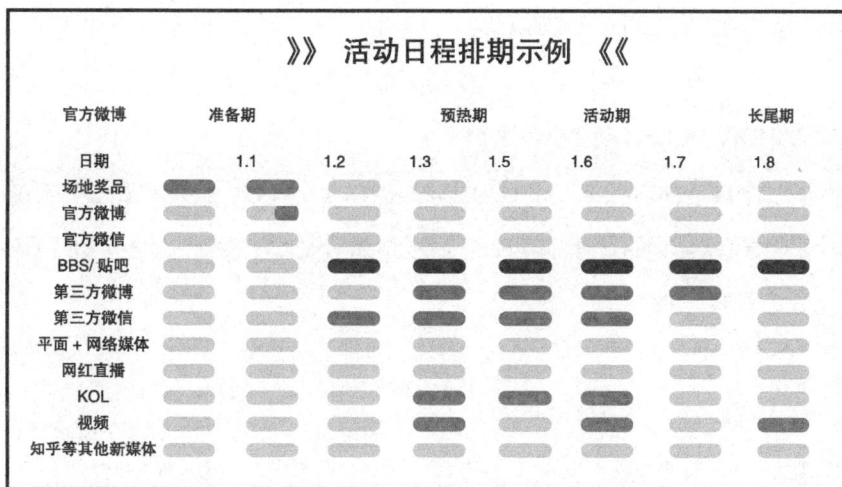

图 4-6　用甘特图来设定活动的时间节点

明确了前面那些 W 之后，剩下的就是 2 个 H 的问题了。

6. HOW（怎么做）

第一个 H 是 HOW，通常从以下几个维度进行思考和准备。

（1）这个环节是要确定活动该怎么做，也就是活动的具体形式。某种程度上，品牌特性和目标人群决定活动形式。

（2）接着要反复确认和优化整个活动的流程，活动过程中哪里可能会出现问题，哪里可能会给自己"挖坑"，哪里可能会有纰漏……一定要提前去梳理，有问题及时发现，及时调整。

（3）活动传播需要的素材要在这个阶段开始准备，且越早越好。

（4）准备一个B计划（备用方案）。准备完以上步骤后，还需要设想活动中的一切可能性，要悲观一点，想一下这个活动这不行那不行该怎么办，有最坏的准备才能有最好的结果。

做粉丝活动最为忌讳的就是"赶鸭子上架"，没有准备好就上，准备工作不完善或者是过于理想主义，都有可能导致活动失败。此外，活动主题一定要符合品牌调性，切忌生搬硬套别人的成功案例。

7. HOW MUCH（砸多少钱做）

第二个H是HOW MUCH。任何活动都要明确预算，并明确如何分配这些预算。这个是领导需要考虑的事情。前期投入过多会导致后期乏力，后期留太多前期就不够，怎么分配需要仔细考量。

粉丝招募：到哪里去找你的"真爱粉"

做完活动前期的筹备工作后，活动就正式进入执行阶段。在这个阶段，粉丝招募就成了首要工作。粉丝招募是一场粉丝活动营销的起点，也是最关键的一环。对于这个环节，可能有人不屑一顾：我活动办得大一些，投放个重奖，招来粉丝是件很容易的事情。对于这种看法，我并不否认，但是请问，通过这样的方式招来的"粉丝"精准度如何？活跃度如何？转化率如何？留存率如何？

相信多数人会被这几个问题问得哑口无言，事实上，粉丝招募绝对是一个技术活儿，不仅要看数量，还要注重品质；不能只看短期效应，还要看长期结果。根据我们操盘的项目中的一些案例，我总结出了招募粉丝最重要的五项操作，下面就和大家分享一下。

定位核心人群

这是第一步，也是最为关键的一步，定位搞错了，接下来的所有工作都将变得毫无价值。招募粉丝，首先要确定你要找什么样的人，也就是确定寻找的目标和范围。

核心人群的锁定是由产品本身的定位决定的，通常情况下，我们在接到一个项目之后的首要工作就是分析产品，为产品梳理定位，甚至重新定位，因为有时候企业对产品的定位也是有问题的。

核心人群的定位应当把握三个维度：刚需、高频和品牌基础。前面两个维度理解起来非常容易，简单来说，就是你的产品能够解决这部分人的某一痛点，是他们的真实需求，且消费频次较高；而品牌基础则是指对品牌已有认知或者愿意尝试的人，最好是一直使用你的产品的人，只是由于没有社群这样的组织，他们一直散落在民间，缺少跟品牌沟通的渠道，这部分人往往在社群营销的初期承担重要的作用。

策划主题

定位好人群之后是不是就应该去招募了呢？不急，在招募之前你首先要想出一套"勾搭"粉丝的策略。粉丝凭什么关注你？凭什么愿意和你一起玩？这就到了拼创意的时候。策划活动主题总体的思路是：好玩、有料。好玩，即有话题性、趣味性，能撩拨起他们参与的兴趣；有料，即不光玩"嗨"了，最后还能获得某种精神价值或者物质奖励。

下面放几个我们做过的活动招募策划。

1. 中粮腰果

主题：中粮吃货大赛第二季

规则：撰写吃货语录，给中粮新品起名

奖品：所有参与者都会获得腰果体验装，最终获胜者将赢得非洲游大奖

活动海报见图 4-7

图4-7 中粮吃货大赛第二季海报

2. 日子卫生巾

主题："日子＆闺蜜帮"

规则：撰写"大姨妈"语录，玩坏"大姨妈"

奖品：参与者即可获得一份体验装，最终胜者赢得一整年量的卫生巾

海报展示见图4-8

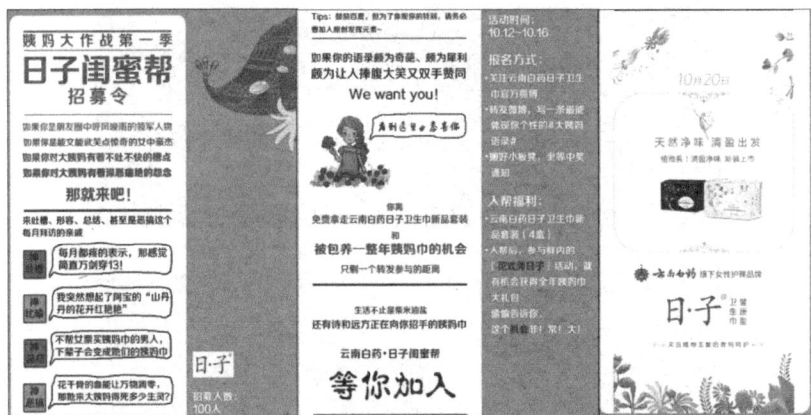

图4-8 日子&闺蜜帮活动海报

3. 船歌鱼水饺

主题：船歌请你吃饺子

规则：说说对饺子的执念

奖品：价值199元的船歌水饺＋饺子令（凭此令可在船歌任一连锁店享受8折优惠）

招募帖展示见图4-9

图4-9 "船歌请你吃饺子"活动招募帖

4. 炸弹二锅头

主题：寻找炸弹人儿

规则：转发此微博并 @ 你认识的炸弹人儿（也可自荐），只要他（她）可以来参加我们的活动，推荐人就可以获得我们送出的炸弹二锅头一排！

奖品：参与者可获得炸弹二锅头一排，还有机会获得 iPad、现金红包

海报展示见图 4-10

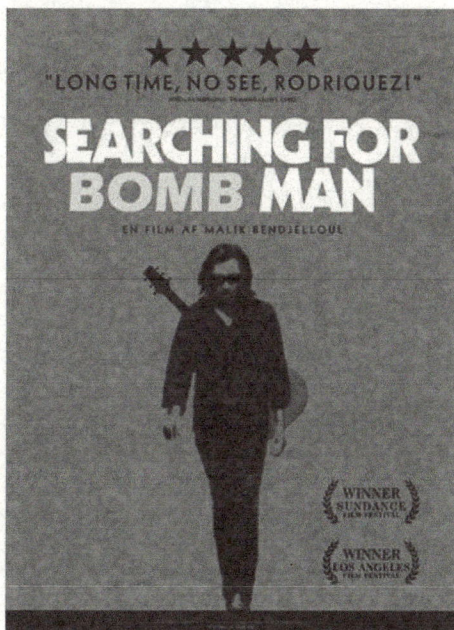

图 4-10　寻找炸弹人儿海报

PR 预热

PR（Public Relations，公共关系，简称公关）预热，说白了就是造势，通过定向或者交叉密集的传播轰炸，让这件事能够引起目标人群的关注，形成传播势能。我们都有这样的体验，当身边所有人或者多数人都在谈论一件事情时，我们也会在强大的舆论虹吸效应下，受心理压力（害怕成为局外人）或好奇心的驱使，而身不由

已地加入进去。

有了传播势能，接下来的招募就好做了。对于一些在网上有负面信息的品牌，这一步更加有必要，PR 投放可以有效净化品牌信息，消除目标人群的顾虑。

实施招募

前期准备工作做好后，接下来就是最核心的一步：怎么找？这也是最实操的部分。

第一招：社交网络发现。我们通常的做法是根据品牌或者产品定位来分析目标人群的特征，然后根据这些特征推测他们的活动区域。不同的社交媒体和网络社区都有不同的人群属性和标签，比如文艺青年在豆瓣、知乎，大 V、明星、追星族在微博，"90 后""00 后"在 QQ。

第二招：垂直平台抓取。什么叫垂直平台抓取？举个例子，比如小米创立时，最开始做的是 MIUI 论坛，论坛里的人都是几个创始人泡手机论坛找到的。手机论坛行业的垂直特性，决定它的聚集人群非常精准，都是一些手机发烧友或者手机程序爱好者。

第三招：跨界合作分享。去找跟我们的目标人群类似或有重叠的品牌、平台合作。比如我参与投资的一个美容会所，定位于城市中前 20% 的顶尖精英女性。基于这一客群定位，我们会和一些奢侈品品牌进行一些跨界的合作分享，我们把自己的核心用户共享给他们，也从他们那儿获取潜在用户。

第四招：媒体合作吸引。以前一说到媒体合作，很多人会想到打广告，其实在社交媒体遍地开花的时代，传播或者信息发布渠道的垄断性已经被打破了，跟媒体的合作形式也变得多种多样，不仅仅是硬广、软文，还可以操作一些活动层面的，比如联合举办线上线下的主题活动，通过媒体或者大号的背书来达到引流的效果。

当然，不管是什么媒体，以何种形式合作，前提都是精准匹配，这在社交媒体时代反而变得容易了。不像传统的大众媒体，社交媒体都有明确的标签属性，比较容易区分哪些媒体的关注人群是自己要找的人。

第五招：线下活动筛选。我们很多粉丝基本盘的来源都是在线下活动中筛选的。因为在线下活动中很容易看到一个人的综合素质、鼓动能力和表达能力，通过这种线下的接触，他是否适合加入你的粉丝基本盘，基本上一次就能够判断出来。

第六招：内外数据挖掘。尤其是对一些有很多回头客的老品牌、成熟品牌是非常实用的。你不用再去其他地方寻找，可以直接从老客户那里挖掘新品的粉丝基本盘成员。

打造粉丝基本盘

粉丝招来后要及时沉淀，最常见的就是通过社群的方式把他们管理维护起来。前面我已经讲过，粉丝基本盘的粉丝并非多多益善，而是要精挑细选。

一是受营销成本和管理成本的限制，企业的免费试用名额有限。而且，粉丝基本盘做得太大必然会出现因人手不够导致的沟通不畅，降低粉丝的体验感和参与感。著名的"邓巴数字"（150定律）揭示，受大脑新皮层容量限制，通常情况下，一个人的认知能力只能确保其和150个人维持相对稳定的社交关系。也就是说，即使我们可能在社交网站拥有众多"好友"，但在现实生活中，我们也只能和大约150个人维持一定联系。社交圈子的人数超过这一数字将大大降低圈子的黏性。因此，我们的粉丝基本盘也大多遵循这个定律。

二是符合引爆流行的"关键人物法则"。流行趋势总是由一小部分人引领的，建立粉丝基本盘的战略意义也在此，即通过关键意见领袖的个体口碑引爆群体口碑。那么，如果想让个体口碑带动群体口碑，就必须集中资源把这部分人的激情充分点燃，水只有烧到一定温度才会开，差一度都不行，火候很重要。

所以，对于最初招募进来的目标人群还要进一步筛选，设立一定的门槛，只有满足条件的人才能最终进入。

而筛选的具体标准主要有三个：影响力、分享意愿和创意能力。

1. 影响力

影响力是我们为招募核心粉丝设定的首要标准，在生活或者工作中，他必须是某一方面的意见领袖，只有具备这种特质的人才能令人信服，才有能量影响更多的人。我们会要求报名者达到一定的粉丝数量。比如，在中粮某次活动的粉丝招募中，我们便要求报名者的微博粉丝数量必须超过 500 人。

2. 分享意愿

核心粉丝不仅是行家，还必须是推销员，分享的欲望强烈，愿意将自己的发现、思想传达给更多的人。

3. 创意能力

在每一次的社群招募中，我们都会出一道题，比如，撰写"吃货语录""大姨妈语录""对饺子的执念"等，目的就是为了考察报名者的创意能力。社交时代，创意能力是必备的素养，也是引爆口碑传播的核心元素。UGC 是社群营销很重要的组成部分，而优质 UGC 产生的前提则需要报名者具备优秀的内容创造能力。

粉丝基本盘建立之后，接下来的工作就是运营维护，发放试用产品，并有序引导粉丝进行晒图和 UGC 创作。

粉丝引爆：需要这6根"导火索"

如何吸引目标人群参与到自己的活动中来？如何快速引爆口碑？对此，我们总结了一个六步法则：**快速进入、使命感召、及时反馈、未知新奇、稀缺属性、贪婪占有**。

下面以新世相组织的"逃离北上广"活动为例为大家进行具体阐述（见图4-11）。

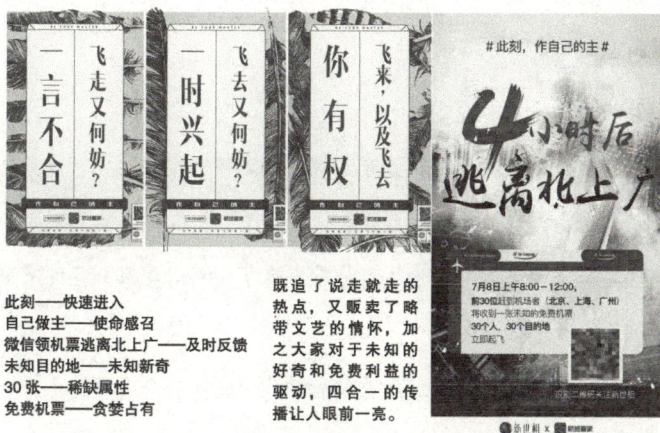

此刻——快速进入
自己做主——使命感召
微信领机票逃离北上广——及时反馈
未知目的地——未知新奇
30 张——稀缺属性
免费机票——贪婪占有

既追了说走就走的热点，又贩卖了略带文艺的情怀，加之大家对于未知的好奇和免费利益的驱动，四合一的传播让人眼前一亮。

图4-11 "逃离北上广"活动海报

1. 快速进入

活动一定要降低门槛。在"逃离北上广"活动中，你只要去活动主办方指定的某几个地点拿票就可以，非常简单。

2. 使命感召

活动有没有使命感大不一样。比如说冰桶挑战，之所以那么多人参与和跟进，就是因为它很有使命感，参与者会觉得我泼了一桶凉水就是在做慈善，帮助有困难的人。"逃离北上广"也是，有没有给自己做过主，能不能放下现在身边的所有而选择远方，这是有使命感召在里面的。

3. 及时反馈

参与者可以及时通过微信领取机票（现场有直播，微信回复后第一时间告诉你还有多少机票，但只有到了机场才知道机票飞哪里）。你参与了，马上就会有人联系你，告知你是否筛选通过，而不是说当你参与了一个活动之后，十天半月没人理会。

4. 未知新奇

大家总是对未知新奇的事物产生旺盛的好奇心，而这次活动很有意思的一个设计是：不会预先告诉你这个票是到哪里的，只有你到现场拿到票才会知道。这也是一个很好玩的点。

5. 稀缺属性

稀缺的才宝贵，这就是为什么大家写文案的时候一定要强调"限量"，哪怕你有10000张票，也要写成"仅限10000张"。"仅限"这两字非常重要，你要让大家觉得这东西是非常稀缺的，手慢了可能就没有了。从心理感知角度来说，价值高的一定稀缺，价值低才会量大。

这里的"稀缺"并不是指实际数量的稀缺，而是要在文字表达上下功夫——哪怕你送很多，但你要把它表达得很稀缺。

6. 贪婪占有

这个大家都能理解。人的占有欲是无限的，也是驱动力最强的。所以一场活动少不了设置各种诱惑，物质的或者精神的，比如，"逃离北上广"这次活动，既追了"说走就走"的热点，又贩卖了略带文艺的情怀，加上大家对于未知的好奇（精神价值），同时还有免费利益的驱动（物质利益），相信面对这样的诱惑，没有多少人能忍住。

一个活动如果只做单方面的传播，那一定是一个非常辛苦且难以成功的工作。

即使你的资金再充沛，事情也很难取得成功。解决该问题最便捷的方法便是让你的活动具备用户自发传播的基本特质。在活动设置里，要尽可能设置让用户往外去转、去晒的环节，并且越多越好，只要在合理区间内不让用户产生反感情绪就可以。

因此，在做一个活动传播之前，一定要想清楚五个问题：有没有让用户切身参与进来？有没有制造新奇好玩的事件让粉丝分享？有没有在活动时强调分享机制？有没有满足用户的荣誉感和虚荣心？有没有准备足够吸引人的奖励？当这五点都满足了，用户便会心甘情愿地去做分享，帮你进行传播。

而要想满足这五个点，比较有效的办法就是倾听，从倾听中挖掘需求，发现不足，然后对症下药，实现品牌和用户的双赢（见图4-12）。

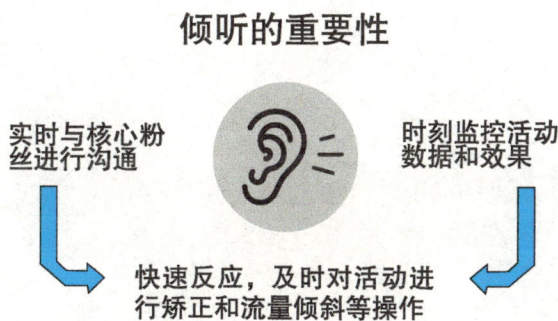

倾听的重要性

实时与核心粉丝进行沟通　　　　时刻监控活动数据和效果

快速反应，及时对活动进行矫正和流量倾斜等操作

图4-12　倾听的重要性

学会倾听也有助于及时发现并改正过程中出现的各种问题，这就需要时时和核心粉丝进行沟通，倾听他们的声音。

比如说，某次活动来了100个粉丝，其中10个粉丝特别活跃，在这个过程中就要主动和这10个人聊一聊：你为什么会选择我们的活动？你觉得这个活动还有什么不足或者有哪些问题？通过沟通了解他们的想法，再结合活动做出一些调整。

　　此外，我们还要时刻监控活动的整体数据和效果。比如，我们投放了 4 个平台，可能有 2 个平台效果是非常好的，另外 2 个平台下了很大的力气却没有砸出声响。此时，要考虑这 2 个没有动静的平台是否还有存在的必要，以避免资源的浪费。如此一来，通过系统地舍弃可以集中资源和精力主攻剩下的 2 个平台。

活动传播：起势之后，如何快速传出去

当你的活动有了声势，产生了 UGC 内容之后，就要想着如何把这个活动传播出去。此刻的传播一定是整合的，而不是只针对某一个平台的。在这个过程中，需要注意以下几点（见图 4-13）。

整合资源　传播出去

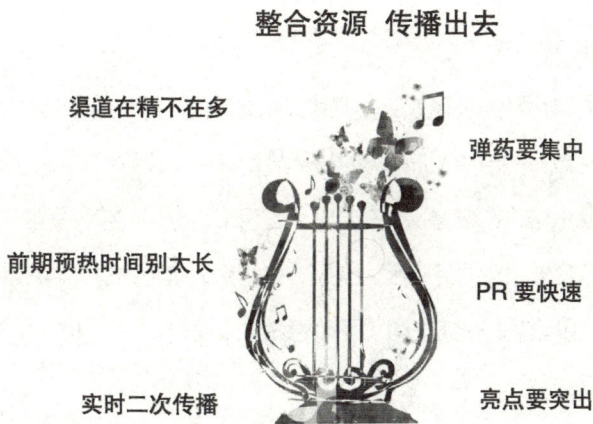

图 4-13　活动传播的几个要点

1. 渠道在精不在多

如果你的资金非常充足，可以将内容投放到更多的渠道，但是在资源有限的情况下，一定要选取最适合自己的几个渠道去投。哪怕每个渠道多投一些，也比同时投很多渠道要强。

2. 弹药要集中

叶茂中曾说过一句话：如果你只有一颗子弹，那就用这颗子弹射向敌人的弹药库，炸他个人仰马翻。营销推广一定要目标清晰、投放精准，只有这样才能将每颗子弹的价值最大化。

3. 前期预热时间别太长

尽量把活动的传播期缩短，尽可能地让声量密集。同样一件东西，在一年之内看到10次和在一天之内看到10次，感觉完全不一样。所以说，前期预热时间不用太长，要集中一点。

4. 实时二次传播

以前我们总是强调活动的长尾效应，但其实二次传播在活动过程中也要一直进行。比如说，我们在做一些UGC征集类的招募活动时，会让我们的团队第二天就出一个前一天的活动总结，在微信（公众号）上发出来，这样的阶段复盘展示有时候比直接发活动招募贴效果还要好，因为大家看到了别人参与的情况，更能激发起他们参与的兴趣。不仅如此，这还证明了活动的真实性。

5.PR 要快速

当天的 PR（Public Relations）稿件一定要在第一时间发出来。还记得某明星一出事，其团队发给各大媒体的 PR 稿件马上就发出来了，这才是一个新闻工作者应该有的速度。

6. 亮点要突出

首先是 PR 稿件，不需要把活动进行完整的复述，而是要选取其中几个较有影响力的点进行放大。毕竟公众的注意力是有限的，媒体所给的篇幅也是有限的，记忆点设置越多，越会扰乱核心信息的传播。

其次是二次传播，需要及时整理出活动中的亮点UGC，然后通过官方或第三方平台传播出去，利用长尾效应实现进一步的传播，并对各社交平台的粉丝反馈进行实时响应。

活动的最后便是复盘。复盘基本分为以下四步：回顾目标、评估效果、分析原因、总结经验。首先回顾开始的目标是什么，然后看实际有没有达到这个目标，如果没有达成，需要找出原因，有哪几个点疏漏了没做好，哪些地方在以后的活动中可以进一步改进。

策划、招募、维护、引爆、传播，这五大步骤走下来就完成了一次完整的粉丝营销活动。

社群运营"795"定律

社群是粉丝营销中的重地之一，既是战场又是弹药库，关系重大。这里再单独拿出来重点介绍一下社群运营的规律和经验。

"我的社群也组建了，但就是特别冷清""平时总是难以有热烈的讨论""群里虽然每天也有人讨论，但说话的总是那么几个人，大多数人都在潜水""群里一直都不火，无奈之下，我们经常发红包，但群里面的人收取了红包之后，依然不说话"……上面这些吐槽反映了大多数社群的常态。为什么高质量的社群如此之少？为什么多数社群总是活跃度不高或者难以持续？

因为你对社群本身还没有研究透彻，更没有掌握它的规律。

关于社群运营，我们总结一个"795"定律，即：七大法则，九大铁律，五步自检。

打造高效社群的七大法则

万丈高楼平地起，建立社群是万里长征的第一步，也是非常重要的一步，如果根基都没打好，之后很多工作都是徒劳。而建立一个高效社群，则需要我们遵守以下七大法则：

1. 法则一：建纲领

优秀的企业，通常都有独一无二的企业文化。所谓企业文化，是组织化的企业家精神，是企业关于未来或者愿景的共识。简单来说，企业文化，是关于企业的纲领性原则。

同样，所谓纲领就是社群共同的价值观和目标。社群和公司一样，要有相同的价值观。社群的价值观应当在建立社群之前就予以明确，设定什么样的纲领，决定了社群的定位以及成员组成。比如，一个在线教育社群的共同纲领，可能是"不断学习，追求更好的自己"；中粮腰果"吃货"群的共同纲领，可能就是"热爱生活，勇于探索和尝试生活中的美好事物"。

为社群设定共同的"三观"通常是建立社群的第一步。

2. 法则二：聚人群

共同的文化和价值观是打造社群的前提基础，这是宏观层面的东西，具体到运作还需要更为清晰、接地气的价值诉求和主张。也就是给出一个能让大家加入社群的充分理由。比如，苹果、哈雷的品牌社群是基于对同一品牌或者同一款产品的热爱；炒股、期货、"驴友"等组成的社群是基于同一种爱好；在北京的青岛人组成的社群是基于共同的经历和机缘；三个爸爸打造的社群"偏执狂爸妈"是基于生活中的共同角色；秋叶 PPT 社群里都是打算学习 PPT，提升自身职场技能的人群，基于共同的现实需求……

社群的本质，就是人群中的"同类项"通过网络空间聚合在一起。

3. 法则三：树明星

社群的互动质量往往是由几个意见领袖决定的，他们见多识广，懂专业，爱分享，热心助人，可以极大带动其他成员的活力和参与热情。因此，社群运营维护要抓住这些关键人物，有意识地将其树为标杆楷模，激励他们多发言、多互动。

4. 法则四：强互动

群内互动水平是衡量社群活跃度和质量的主要指标之一。提升社群内活跃度，要做好两个方面的工作：

（1）设计话题并有序引导

适时抛出一些话题，并鼓励社群中的意见领袖发言。高品质的话题讨论对于广大"群众"来说就是一种福利，可以增加社群的互动和黏性。同时，社群内切忌成为"一言堂"，这就不仅要鼓励其他成员发言，还应当鼓励社群成员之间形成话题，自我讨论。社群成员之间应当形成复杂的网状沟通路径，只有这样，社群成员之间才可以在较短的时间内快速熟络。

（2）通过活动建立强关系

活动分线上、线下两种，线上的可以是有奖问答、互动游戏甚至承接一些品牌的试吃试用；一旦社群内形成了个体之间的交叉和高频互动，线下见面活动就有了基础。"见面三分亲"，线下活动是拉近彼此距离，将弱关系转化为强关系的有效手段。在大多数人的印象中，线上聊一个月可能还不如见面一次，这就是线下活动的威力。

小米、樊登读书会、罗辑思维、锤子手机等等这些优秀的社群组织，都非常重视线下活动。我们粉丝研究院也在每个季度组织一次到两次线下活动，比如：新马泰游学、郑州快闪会、走进泰山啤酒……线下活动在社群运营中的价值不可取代，最关键的是，见面之后总会有意想不到的故事发生，各种惊喜碰撞交织在一起，瞬间拉近了人与人之间的距离。

5. 法则五：立规矩

"国有国法，群有群规"，规则是为了给自由创造更好的运行环境。一个没有规则的社群，必然会沦为广告和垃圾信息的集散地，这样一来损害的就是大家的利益，社群也很快会沦为"死群"。

但群规不能由一人制定，应在征得大部分人同意的基础上自下而上地形成，因为只有大家内心认同了，才会坚决执行。同时，在对违规行为的处理上也要掌握灵活适度原则，否则，过于严苛则会打击其他人的积极性。总之，有法必依，但也要适度而行，至于这个度怎么把握，则因人而异。

6. 法则六：造势能

所谓势能，就是社群成员一致性行为带来的能量。比如，通过一个崇高而热切的目标把粉丝聚集起来，让他们在奋斗争取的过程中，产生强大的心理归属感和荣誉感。

上下齐心，其利断金，巨大的势能不仅会增强传播活动的穿透力，造势能本身也是一次增强社群集体荣誉感的过程。

7. 法则七：裂变复制

社群在合适的条件下，可以进行裂变和复制。比如，构建粉丝基本盘之后，还应当继续进行裂变，复制更多相似的产品型社群。要从初始群里面找到具有裂变能力的 KOL（意见领袖）去组建新的社群，然后在新的社群中再产生新的 KOL，这样就能够产生类似核反应式的链式反应，通过不断复制，建立 N 个社群（见图 4-14）。

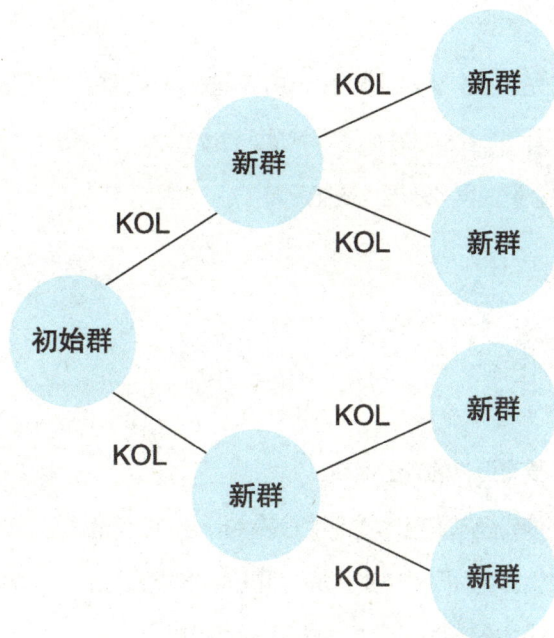

图 4-14 产品型社群粉丝基本盘的链式裂变

裂变复制最典型的案例就是樊登读书会。它的整个发展路径就是通过社群裂变的方式来进行的。

2013年樊登尝试建了一个微信群，在群里给听众讲书，愿意听的人付费进群，第一天进来500人，第二天就变成两个群，就这样，樊登读书会有了最初的"一千铁杆粉丝"，而这些粉丝基本都是听过他线下课的学生。

后来樊登读书会将宝洁卖洗衣粉的模式运用于自己的社群发展，将代理模式与核心粉丝进行利益捆绑，就这样，读书会最早的一批代理商包括后来的城市书店都是从粉丝里面孵化出来的。

他们就像樊登读书会播撒下的一粒粒种子，在全国各地甚至是海外生根发芽、开花结果。经过5年的发展，截至2018年9月，樊登读书会会员人数已超过900万，在全球拥有2800多个分会。

需要注意的是，社群裂变必须遵循循序渐进的原则，并非所有的社群都有裂变的条件。无限扩大一个社群往往会适得其反。这是因为，社群越大管理难度就越大，如果维护不到位，裂变再多社群也是徒劳。

高效社群运营铁律

1. 铁律一：要有严格的遴选标准

前面，我在谈粉丝基本盘的重要性时曾经指出，粉丝基本盘质量的高低，将直接对后续圈层产生影响，同时决定社群的引爆能否实现。因此，在构建粉丝基本盘的过程中，要执行遴选标准，坚持宁缺毋滥的原则。

从群体凝聚力的角度而言，社群准入条件越是严格，社群成员的凝聚力和黏性就会越强。

2. 铁律二：社群必须做好前期预热工作

通常，我们在建立社群之后的第一项工作就是让群内成员之间彼此熟络，比如发动大家主动介绍自己等。

很多社群在建立之后，就急于开展线下活动，实际上，这时候时机并未成熟。正确的方式是，在线下活动之前，先在社群内做预热，等群内成员之间已经相互熟悉，再做线下活动。

3. 铁律三：社群运营是 7×24 小时的工作

任何认为"社群维护是一项轻松工作"的想法，都是"很傻很天真"的。社群运维是一个典型的人员密集型以及高强度的工作，一个好的社群背后，必定是大量的工作付出。我们多次强调，社群维护是一项 7×24 小时的工作，只要有人发言，就必须有人回复，这是保证社群活跃度或者黏性的必要手段。

在相同的条件之下，社群的活跃度、黏性，以及转化率等指标实际上与背后的辛苦付出密不可分。这里的付出指的是正确而周密的管理方式、良好且不断出新的活动创意，以及充裕的时间。

在建立粉丝基本盘之后，往往需要投入大量的人员进行社群维护。与传统公关公司相比，从工作强度和创意的密集度来看，社群运营都要大很多。这主要是因为，在社群维护过程之中，几乎没有间歇期，而是要一个创意接着一个创意，一个活动接着一个活动。因此，对于社群运营人员来说，社群维护既是一种工作，又是一种生活日常，唯有如此，才能保证社群的活跃度。

4. 铁律四：积极引导，保持黏性

很多社群组建后之所以冷清甚至掉粉现象严重，其所面临的问题就是社群的黏性不够。那么，如何才能提升粉丝的黏性呢？

首先，社群是群体的一种表现形式，社群在很大程度上符合群体动力学的特征。因此，要提升社群的黏性，就要设计话题、活动等。

其次，要想找到社群成员喜欢的话题，就要洞悉社群成员的心理。中国人在群体当中，通常呈现出典型的从众心理，喜欢对新闻热点进行评论，喜欢有趣、有料的内容等。

因此，社群管理人员要经常抛出一些有趣、有料或者独家、权威的话题，引发群友的讨论。

在话题方面，社群管理人员既要对话题进行引导，充分调动粉丝的积极性，也要弄清楚自身的角色，不能喧宾夺主。当有群友发布精彩观点时，应当及时对其进行赞美和鼓励。同样，当群友之间针对某个观点或者话题发生争执的时候，社群管理人员应当充当调解员的角色，巧妙化解双方矛盾。

5. 铁律五：社群时间管理，抓住两大高峰期

从时间的维度来看，社群的活跃度变化在一天24小时内呈现明显的规律——波峰和波谷交替出现。对于社群运营者而言，应当充分抓住高峰期。一天当中，社群通常会有两个高峰期：

第一个高峰期是早上七点到九点。这个时间段，大部分人处于上班途中，人们可能在各种公共交通上，比如在一线城市的地铁上，几乎无一例外地都用手机打发时间。

第二个高峰期是晚上九点到十一点半。这段时间，人们已经吃过晚饭，准备休息，而大多数人喜欢在饭后和睡前的空闲时间打开手机，甚至部分群体有伴随手机入眠的习惯。

随着移动互联网带来的碎片化效应，大众的注意力越来越稀缺和分散，因此早晚两个高峰就显得弥足珍贵，也成为众多品牌和自媒体流量争夺的焦点时段。不仅社群，许多公众号以及朋友圈广告也选择这两个时段集中发布。

但需要说明的是，这两大高峰只是一个常态化下的统计，不同人群、社群、地域也会呈现出差异化。比如，"币圈"的社群通常都是在晚上十一点半之后才开始活跃，而哺乳期的妈妈群凌晨一两点还在交流，因为半夜起来喂奶、热奶对于这些妈妈们

是稀松平常的事。

所以，虽然抓住两个高峰期是关键，但也不意味着低谷期的社群管理可以懈怠。正如我们前述所强调的，社群的维护工作是 7×24 小时的，所以即使在高峰期外，社群也应当有人值守，时刻注意群内的动向，及时反应和引导。

6. 铁律六：社群管理之道，在于扮演好多种角色

一个好的、有温度的社群背后，一定是科学管理和运营的结果。社群创建者或者管理者，应当扮演好多重角色。

比如，调停者角色，当社群成员因为某一观点发生争执或冲突时，社群管理员就要及时出面调停，促成和解；赞美者角色，赞美是世界上最美的语言，遇到社群成员的精彩发言或者观点分享，应当即时点赞；话题引导者角色，社群管理人员需要对话题讨论的方向进行有序引导；"托"的角色，社群有雪球效应，一个话题参与讨论的人越多，讨论就越热烈，而讨论越热烈，反过来也会吸引更多的社群成员参与讨论，从而形成一个自我加强的自循环机制，反之亦然，一个话题越是没有人讨论，群内就越发冷清。因此，社群内一定要有"托"，也就是说群内不仅要有人抛出话题，还应当有人予以配合，营造一个热烈讨论的氛围。

7. 铁律七：谨防"掉粉"内容的出现

在社群建立之后，一方面要通过好的内容、成员感兴趣的话题不断提升粉丝的黏性，另一方面也要严禁发布有碍观瞻的垃圾内容，防止掉粉。

比如广告以及变相的广告等，对于此类内容，管理员应当提前设定群规，尽量减少负面及违规信息。如不可避免，则应当予以劝告，对于多次警告后仍然不听劝告或者执意违反群规者应当予以清除。

8. 铁律八：适时引爆社群

《纽约客》特约撰稿人马尔科姆·格拉德威尔（Malcolm T.Gladwell）在《引爆点》

一书中指出，无论是时尚潮，还是流行病的传播，都遵循一些条件。他将之归纳为流行三法则，即：个别人物法则、附着力因素法则和环境威力法则。

我们前面总结的一些规律正好与这三大法则相呼应：KOL对应个别人物法则，UGC对应附着力因素法则，自媒体大号的二次传播对应环境威力法则。

《引爆点》还揭示了另外一个重要发现：大众流行恰恰是从很多小规模的流行潮开始，逐渐向外扩展，最终覆盖整个大众。这正好符合了我们关于粉丝圈层的论断。

作为社群运营者，要同时运用好上述三个法则，在适当的时间引爆社群。

9. 铁律九：社群的外溢效应，强关系＋信任链

无论社群采用什么样的玩法，最终的临门一脚都是实现商业价值。这里的商业价值，既有可能是产品或者服务的实际销售，也有可能是品牌知名度或者美誉度的提升。在通常情况下，后者的重要性甚至远远超过前者。

当社群内部因为某项活动引爆之后，就会形成一个核爆中心，不断向影响层以及外围层扩散，其波及范围将远远超过社群。也就是说，从小众到大众，从社群到社群之外，带来强大的外溢效应。

社群外溢效应的本质就是将弱关系转化为强关系。由此形成的"强关系＋信任链"是深度粉销的主线。我们认为，将弱关系转化为强关系，是实现高转化率的基础，而其中的关键节点或者连接者就是意见领袖。

在社群内，通常会有意见领袖，意见领袖具有"有影响、懂专业、爱尝鲜、爱分享"等特征，其他社群成员容易对意见领袖产生一种强信任关系。

活动于同一网络社区、时常向他人提供信息从而给他人带来一定影响的意见领袖们，在网络互动过程中往往充当着中介的角色，实现信息的有效传达或过滤，各种消费信息都是经过他们向更多的网友扩散。作为网络把关人的意见领袖，在网络运动的形成和发展过程中有着极为重要的推动作用。在这种强关系之下，以恰当的方式植入产品，则有着较高的转化率。

因此，社群提高黏性和转化率的关键就是寻找、培养、维护好这样的意见领袖。

当然，这种弱关系与强关系的转化不仅仅局限在社群内部，随着社群内势能的积聚，也会向外爆发和释放，借助大V的影响力和信任关系，社群之外也会形成信任链条，并不断向外辐射，每个粉丝周边的强关系网络也会受到影响，从而形成不断扩散、产生类似链式反应的壮观景象。

为什么你的社群活跃不起来

1. 自检一：IP 势能够不够强大

社群的打造和运营都有一个前提，即个人或组织要具有势能。势能的载体就是IP，IP就像一个磁力中心，磁场越强，对周边的吸附力越强。无论是品牌还是个人，只有建立了足够高的势能，围观群众才会主动过来连接。人往高处走，只有站得高才能一呼百应。

IP势能是一个社群成立的根基，任何社群都需要这样一个磁力中心，价值型社群更是如此。IP势能的构成可以是个人的人格魅力，也可以是品牌的文化或调性，总之是可以激发起认同感和崇拜感的东西。

2. 自检二：有没有意见领袖

人是群体动物，群体的发展和凝聚离不开领导人物的引导，否则群龙无首很容易散摊子。社群里的意见领袖对于社群的维护和活跃意义十分重大。他们是话题中心，可以发现新鲜话题并引导讨论；他们是权威中心，对于群友关心的疑难问题可以给出权威意见和判断；他们还是价值输出中心，通过自己的分享来影响别人。

意见领袖是社群的黏合剂也可以称为连接的节点，能够带动其他人的参与。意见领袖必须满足有影响、懂专业、爱尝鲜、爱分享这四大特性。群主首先要是这样的人，社群成员中也必须有几个这样的人。然而意见领袖并非越多越好，需要寻求一个恰当的比例，具体比例可以参照"1990法则"，即1个意见领袖可以带动9个话题参与者和90个围观者。以此推算，500人的社群，有五六个积极踊跃的意见领袖就足够了。

3. 自检三：有没有错把顾客当作粉丝

企业社群通常由批量采购的大客户以及以零售为主的顾客构成，其中顾客又分为消费达人、一般顾客和潜在顾客。其中对于大客户的管理比较棘手，他们是营收的支撑，因此不敢轻易得罪，而管理不好这部分人，又会给其他人带来不好的影响。

应当认识到，尽管很多粉丝是从消费者转化过来的，但粉丝不等于消费者：粉丝具有共同的兴趣爱好和价值观，而消费者的构成要复杂得多。如果不能严格区分这两类人，甚至某种程度上以销量来衡量粉丝的价值，错把"大客户"当成了重点发展对象，结果只能任其发展并可能成为危害社群的毒瘤。

永远记住，打造社群有且只有一个遴选标准：认同感和归属感。对于没有相同价值观的人应当尽早移除。

4. 自检四：运营管理是否到位

社群是需要运营的，这可能是很多人在打造社群的时候没有认识到或者认识不够充分的地方。日本经营之圣稻盛和夫曾说过，所有的成功之道，都抵不过这八个字——敬天爱人，利他之心。经营好一个社群同样需要这八个字，只有心存善念、懂得换位思考的人和组织才能赢得别人的尊重，并带来认同感和归属感。

此外，在操作层面，一些社群还往往容易犯这样的错误：没有树立圈层意识，无法做到对社群内成员的精细化管理；以利益为吸引，没有与粉丝之间建立起情感链；参与感不强，缺少可以互动的话题和活动设计。

另外提醒一点，不少人受互联网思维"去中心化"和《失控》"蜂群思维"的影响，过于崇拜利用"自组织"的方式来让社群自我管理，这其实是一个误区。因为自组织的前提是充分的角色化定位，即每个人都有自己的操作清单，只有这样才不会依赖外部指令而有序运行。因此，自组织虽然是社群运营的一大主导思想，但要明确适用前提和条件，而刚刚建立起来的社群显然不具备这样的条件，只有运作成熟、彼此形成默契的社群才有可能实现自组织式管理。

5. 自检五：价值输出是否持续

价值是社群建立的诱因，几乎所有人入群都是奔着某种价值或者目的来的，比如，希望获得学习提升、结交商业伙伴、得到某种实惠（产品折扣、体验装、赠品、优惠券）等。因此，持续不断的价值输出，是一个社群长久维系活力和凝聚力的核心要素，而社群最开始的价值输出类型，也往往决定了社群的定位和粉丝的认知。

但是，持续不断地输出价值并非易事，连罗振宇这样的资深媒体人都将每天 60 秒的语音称为"死磕自己"，更何况我们普通人。很多社群死掉就是因为价值输出频次的降低或者中断。

这一问题的解决出口就在于价值类型的选择和设计，即从一开始就定位清楚，选择一个自身擅长、力所能及的价值点，并设计好输出的频次，只有从一个稳定的点切入，才能建立持续性。

而很多人在打造社群时，为了吸引粉丝，往往选择一些较高的价值点，这无异于从一开始就为自己设置了一个很高的门槛，以至于被粉丝的期望压得喘不过气来。

以上是我们总结的一些社群运营的雷区和成功经验，但不是全部。列夫·托尔斯泰曾经说过：幸福的家庭都是相似的，不幸的家庭各有各的不幸。套用列夫·托尔斯泰的名言，我们也可以说：活跃的社群都是相似的，不活跃的社群各有各的不同。所以不要急着照搬，先要弄清楚自己社群的症结所在，再对症下药。

粉丝激活：用会员思维管理粉丝

粉丝是需要精细化运营的，这越来越成为业界共识。但如何精细化运营，却少有人说得清楚。其实，答案就摆在眼前——传统营销体系中的会员管理就是一种很好的管理思维和工具。

会员管理的核心理念就是留存、激活，不仅传统销售管理需要，粉丝运营中同样需要。

会员管理的价值

会员管理属于舶来品，最早起源于国外的营销实践，在国外叫作 Loyalty Program，即会员忠诚度管理，是将企业会员基本资料、消费、积分、储值、促销和优惠政策透过信息管理，使商家和客户随时保持良好的联系，从而让客户重复消费，提高客户忠诚度，实现业绩增长。

其实，从定义来看，会员管理思想与我们前面讲的顾客终身价值一脉相承，都强调留存和关系思维。前面我们已经讲过，一个忠实顾客的终身价值是惊人的，如果再乘以乔·吉拉德的"250定律"更是让人惊掉下巴。与此同时，人们还发现另外一个秘密，即拉新成本远远高于维护一个老顾客成本，而且随着互联网流量越来越贵，这种对比效应更加明显。

这组来自麦肯锡（McKinsey）的数据报告，充分证明了这一点：

· 顾客的忠诚度不仅可以带来高额利润，而且还可以降低营销成本；

· 维持一个消费者的营销费用仅是吸引一个新消费者的 1/5；

· 向现有客户销售的几率是 50%，而向一个新客户销售产品的概率仅有 15%；

· 客户忠诚度下降 5%，企业利润下降 25%；

· 如果将每年的客户关系保持率增加 5%，可能使利润增长 85%；

· 企业 60% 的新客户来自现有客户的推荐。

以上两个发现，构成了会员管理和会员营销的理论基础，而随着移动互联网时代的来临，消费者的注意力和时空分布越来越分散和碎片化，想要与潜在顾客建立联系已经越来越难，会员管理作为一种经历过时间验证的连接手段，其重要性和价值在当前的营销困境下被进一步放大，已经被广泛运用于餐饮、美容美发美体、休闲娱乐健身、时尚购物和生活服务行业，如：各类商场、商店、超市、餐饮连锁店、娱乐场所、金融机构、通信企业、医疗保险企业，尤其在航空、酒店行业中得到了充分发展和验证。

会员管理在粉丝运营中的应用

会员管理的内在逻辑就是通过持续不断的关怀和激励，为会员创造身份优越感和归属感。人类本身都渴望自己的行为得到奖励和及时反馈：孩子享受自己因为优异的表现而获得的一朵小红花或者小星星；大人也一样，为了攒足飞行里程或是酒店积分而乐此不疲。

消费除了满足生理需求之外，还能满足人的某些精神需求，例如被人尊重、追求品质等。经常乘坐飞机的人可能都有这样的体验，当大部分乘客落座之后，这时候如果你身边有一位该航空公司的 VIP 会员，就会有空姐一路微笑地走过来，贴心地递上一条毯子或一杯水，并且蹲在他的身边询问是否还需要其他服务，如有需要可随时呼叫云云。尽管他作为VIP会员并没有从航空公司得到多少切实的折扣优惠，但享受了与众不同的贴心、殷勤的服务，这种消费能够给部分消费者带来心理上的优越感。

会员管理通常有两种激励措施：一是物质奖励，比如买赠、折扣优惠、免单等；二是精神奖励，比如特殊关怀、个性服务、身份特权等。通过这两种方式，可以在品牌与会员之间建立一条长期联系的纽带。

激励可以增强认同感和归属感。毫无疑问，在粉丝运营中也需要这样的激励。

很多社群之所以沦为死群，很大一部分原因就是没有制定合理的激励机制。下面以我们打造的学习型社群组织——粉丝研究院为例，来简单描述一下我们是怎么做的。

粉丝研究院里面，担任授课的老师统称为教授，学员只要加入统一晋升为"研究员"，这是一种身份激励措施。

我们为研究员划分了"青铜、白银、黄金、王牌"几大身份等级（见图4-15），课程期间会发布若干任务，不同的任务有不同的学分值，学员根据参与度、完成度、完成质量可以获得不同的学分（见图4-16），达到一定的学分可以晋升一级。我们会在每月公布一次学分情况，就像高中时代的月考一样，通过每月公布成绩的方式，调动学员的好胜心，激发学员参与的热情。

学分奖励相当于精神激励和身份识别，除此之外，我们还有实打实的物质奖励。比如，年末青铜研究员可以获得来自院长及教授的亲笔签名书3本；白银研究员可以获得下一学年学费的5折优惠；黄金研究员可以参与一次由院长组织的定制化游学；王牌研究员除获得学费5折优惠外，还有直接晋升为研究员教授的机会；MVP研究员下一年学费全免，而且还可以享受与院长、教授的私密晚宴。

当然，奖惩结合才是最有效的激励，为了防止学员掉队，我们也制定了惩罚措施。比如，如果有学员长期潜水或不按时完成作业，会给予相应的警告和降级处理。

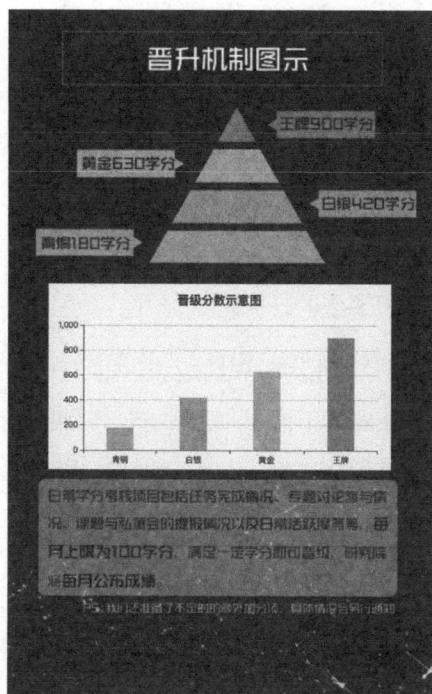

图 4-15　粉丝研究院研究员晋升机制

	总分	交作业	老师评分	讨论	提报选题	选中主题	参与投票
大咖专题会	30	15	10	5			
			(1-10)	(1-5)			
课题研究会	40	15	10	5	3	2	5
			(1-10)	(1-5)			
线上私董会	10			5	3	2	
				(1-5)			
FBI学习会	10			10			
				(1-10)			
随机	10						

图 4-16　粉丝研究院学分分布

会员管理三部曲

尽管很多企业都已经认识到了会员管理的重要性，但具体实施起来还是会有很多难点，比如：花了巨额的营销费用进行推广，却没有收获多少会员，钱都白费了；线上导流过来许多会员，但最后都形同"僵尸"，并没有转化成线下的实际消费；费了好大工夫上线了一套会员系统，但不知道怎么用，怎么运营……

尽管我们会面临这样那样的问题，但有一点是确定无疑的，那就是——没有不为所动的顾客，只有无效的会员激励。出现上面这些问题，一定是我们自身的管理出了问题。这里介绍一种会员管理的方法，我们称之为"会员管理三部曲"。

1.构建会员画像

科特勒说："营销4.0正是解决在大数据、连接、价值驱动前提下，如何洞察与满足这些连接点所代表的需求，帮助消费者自我实现的过程。"

因此，粉丝运营的基础就是了解粉丝们的个性化需求和偏好，根据用户画像，提供个性化的关怀和服务。比如，生日祝福就是最简单的一种关怀服务，有的星级酒店甚至会记住会员的消费偏好，在顾客预定后提前在房间放一束顾客喜欢的花，或是甜点或者其他小礼物，从而让顾客获得受重视的感觉，由此感受到品牌的诚意，增强了忠诚度。

而要把这种个性关怀和服务做到极致，则离不开大数据的支持，如今的很多会员管理系统就是建立在大数据技术基础上的。

当然，对于大多数社群运营来说，可能不具备这种技术手段。如果不是人数规模特别大，我们建议你采取一对一沟通的方式，跟每一位群成员建立单线联系，通过聊天和观察他们在群里的一言一行来了解他们的个性、兴趣偏好，完成会员画像的构建。除此之外，还可以利用线下活动以及在线发起问卷调查等方式来实现。

2.打造个性化服务体系

有了会员画像，企业就可以进一步结合以会员为中心的服务体系，满足消费者需求，以留存客户，增加客户忠诚度。

比如，对于企业的会员、粉丝，我们可以根据其不同的需求类型，提供具有差异化的服务：

价值类需求：制定购物积分、折扣、生日特惠、免费包装服务等；

便利类需求：制定致电会员中心享受免费预定、预留服务；

个性类需求：安排会员VIP休息室、会员受邀出席沙龙活动等；

速度类需求：机场VIP专用快速通道、银行快速服务通道等；

信息类需求：发放指定商品信息、促销通知服务等。

正如科特勒所说，营销4.0时代，自我实现已经成为消费者的第一需求，而差异化的服务是形成自我实现体验的基础，也是会员、粉丝忠诚度和归属感的强大来源。

3. 传播会员口碑

其实从营销的角度来看，所有配称动作的最终目的都是为了产生口碑、引爆口碑，以实现品牌知名度、美誉度和客户忠诚度的提升。会员管理同样如此，无论构建用户画像还是落地个性化服务，最终的落脚点或者闭环都是口碑。口碑是上一个会员管理循环的终点，也是下一个循环的起点。

在做好前面两步之后，接下来就要通过一切与会员的接触点来展现品牌形象，并且结合线上推广、品牌投放、媒体公关、微信等社交媒体传播体系，充分调动一切积极因素，把会员的口碑传播出去，促进销售转化并吸引更多的会员加入。

这里的关键点，除了要结合会员画像把服务和关怀做到极致之外，还需要具备话题思维和社交思维。

下面举两个例子，看看它们是如何引导口碑传播的。

第一个例子是星巴克。在星巴克微信公众号下面有一个频道叫"星巴克用星说"（见图4-17），会员可以选择特定的礼品卡，直接通过微信好友目录送给对方，而且还可以配上照片，加上一两句你要对朋友说的话。这就是典型的社交思维。

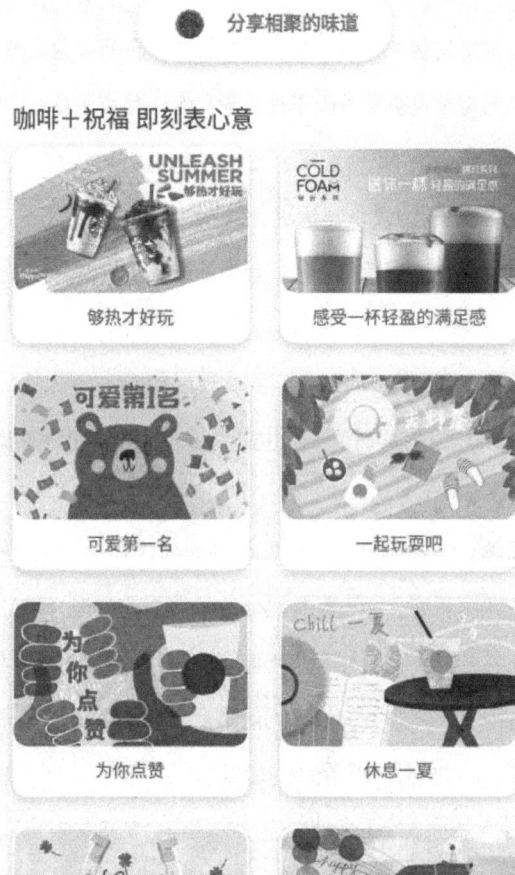

图4-17　星巴克"用星说"

另外一个例子是肯德基（见图4-18）。去年他们策划了一个事件，为了庆祝肯德基进入中国30周年，他们将土豆泥和吮指原味鸡的价格调到了1987年，也就是30年前的价格：0.8元就可以买一杯土豆泥，2.5元就可以买一个吮指原味鸡，而条件就是你要先在特定时间段内注册成为肯德基的会员。不忘初心，用价格回归的方式来吸引和反馈会员，这无疑具有很强的话题性。做完这个事情36个小时之后，肯德基的微信指数从 550 万跃升到 1000 万！效果也非常明显。没有通过大众媒体，完全靠品牌的自媒体和会员的传播，就造就了这么大的声量，吸引了这么多人去抢购。

图 4-18　肯德基中国 30 周年活动海报

当然，需要说明的是，"会员管理三部曲"是建立在前期对会员精准识别（找对人）和过程中细致入微的会员成长体系激励（积分晋级、身份识别、特权）基础上的，而且相互之间环环相扣，相互促进，任何一处出现短板，都有可能导致会员的大量流失。

会员的意义就在于与普通顾客进行区隔，打造身份认同和情感共鸣，从弱关系走向强关系，从这一点上来说，会员管理与粉丝运营确实有异曲同工之妙。

众筹：激活粉丝的力量

众筹，译自国外 Crowdfunding 一词，可以简单理解为大众筹资。通俗点说，就是一种利用"团购 + 预购"向网友进行项目资金募集的模式。互联网时代，任何个人、企业的创意都可以轻松被展示到大众眼前，这就为一些需要资金支援的小企业和创业者提供了良好的融资渠道。

和传统融资方式相比，众筹的诞生使得项目获得资金的渠道更加开放，其商业价值已经不再是唯一的标准——只要项目能够打动人，获得网友的青睐，便有机会得到大家的资金支持，从而以众筹方式取得启动项目的第一笔资金。

众筹，在形式上是参与感的一种体现，本质上却是精神和价值观的认同。

众筹的商业价值和战略意义

事实上，从某种程度上而言，众筹也是一种流行时尚，大众用户的直接参与已经使得众筹呈现出和传统营销完全不同的一面，"众筹 +"正在成为一种全新的浪潮席卷各行各业。对于企业而言，尤其是新产品的上市推广，众筹具有重要的战略意义。

1. 众筹是连接企业新产品与用户的最短距离

通常，新产品上市的成功率低得可怜，试错成本很高。按照一般的套路，需要大规模的推广以及招商，至于渠道和消费者是否接受，还是一个未知数。

众筹这种方式，则跨越了渠道，直接和最终消费者建立了连接，从而大大降低了新品的试错成本，同时通过预售反馈还可以大大提升新品的成功率。

2. 众筹可以充分调动粉丝公民行为

深度分销的提出者包政曾经建议一家影视公司，不妨通过联合粉丝众筹的方式，一起垄断上游资源，即将优秀剧作家"养起来"。

这样做的好处是显而易见的，不仅帮助影视公司垄断了上游优质资源，而且粉丝的参与感和积极性也被大大调动起来。一旦成为"众筹"的一份子，粉丝就会异乎寻常地关注，这其实是一种"共谋"，通过利益捆绑，粉丝成为众筹的一份子或者拥有一部分资产的所有权之后，参与感会空前强烈，由此就会带来粉丝的公民行为，甚至愿意无回报地付出。

3. 众筹成功的根本原因：站在用户角度思考

为什么我们看到很多拥有优质资源的企业，去做众筹却归于失败？根本原因只有一个：供求分离，没有站在用户的角度思考。

传统企业和互联网企业最大的差别就体现在用户思维上。"我有什么样的产品，你就得接受什么样的产品"是工业化时代企业的典型思维方式。很多企业宣称自己有多少项发明专利，获得过多少国家科学技术进步奖。问题在于，这些所谓的技术抑或专利固然很好，但消费者却并没有弄清楚它们和自己有什么关系。

企业普遍强调的"卖点"，都是企业或者厂家自己"设计"的，用户的"买点"却代表了用户的真实"痛点"。只有"卖点"与"买点"无缝对接，才算抓住了用户的"痛点"。"中国式营销"是以渠道操作为核心的，由此也衍生出"深度分销"等终极作战方式，但随着所有企业都采用这种方式，其有效性大打折扣，企业渠道竞争进入了一场零和博弈。

在这样的困局之下，众筹成为一场全新的革命。

"四步"搞定社会化媒体众筹

互联网、移动互联网的发展，使人们迎来了个性化消费的时代。在这样的背景之下，如果企业还不能真正重视用户，相信三年之后它一定会追悔莫及。那么，对于企业而言，如何才能活用用户思维，通过社会化媒体等手段，成功实施一次众筹呢？

除了我们一直以来倡导的黄金三法则"圈层、情感、参与感"以外，要做好众筹还要遵循以下四个步骤（见图4-19）。

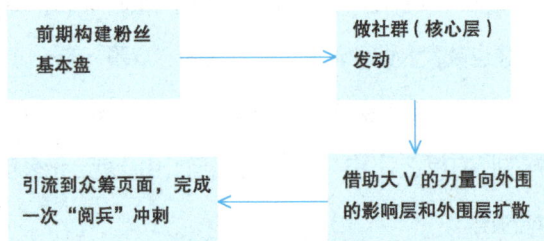

图4-19　做好众筹的四个步骤

下面就以我们操盘的"三个爸爸"空气净化器为参照，复盘一下这四步法则。

第一步：构建粉丝基本盘。"三个爸爸"组建了30~50人的空气质量检测团，这些人来自不同的领域，有着不同的专业背景和生活经历，但都有一个共同特征："偏执狂爸妈"。

第二步：做核心层发动。"三个爸爸"在粉丝基本盘做了内测，产生了良好的体验。再利用优质的UGC内容，去发动影响层和外围层。

第三步：借助大V的力量，实现从基本盘到外围层的跨越。大V方面主要借助了一些明星，如叶一茜、何洁、张丹峰，给这些有孩子的明星送了一批产品，他们会帮助传播一下。同时，借助黑马营的力量，江南春等大咖都为"三个爸爸"站台，助推了众筹目标的实现。

第四步：引流到京东，最终完成众筹。

此外，这里还有一些经验分享给大家：任何成功的众筹，其前提条件都是要将产品做到极致，也是我们前文中所强调的极致思维。此外，众筹有一个"首天效应"。要集中所有资源，用在众筹第一天，能否打响"第一炮"很关键。如果众筹的目标定在1000万元，那么第一天若能完成300万~400万元，就有很大的希望完成目标。

例如，"三个爸爸"众筹第一天就取得了不俗的战绩，每次数字刷新，就会增加几万，这大大鼓舞了团队的士气。与此同时，第一天的优异表现，引起了京东的重视，并将资源也倾斜到了这里。

众筹的困局和破局

"三个爸爸"成功之后，越来越多的企业渴望复制它的成功，但结果往往都低于预期。纵观全行业的众筹玩法，经过几年的发展，产品型众筹几乎进入了瓶颈期，套路同质化，比如：

众筹几乎已经被消费者视为预售式"团购"。由于缺乏产品的提前体验，短时间很难开启持续互动。项目的众筹目标无非是两类：或是"筹钱"，或是"筹传播"（比如完成某种挑战免费送等）。甚至，为了完成一次众筹，一些项目开启了"自摸大法"：发动自己的员工和经销商，突击完成"出口转内销"方式的众筹，敲锣打鼓地宣布该项目成功"完成众筹"……

在这样的情况下，众筹究竟如何破局？如何在同质化红海中蹚出一条新路？下面，再结合我们操盘的另外一个众筹项目，谈一下我们的创新思路。

这款产品就是联想NBD（新业务拓展部）推出的可穿戴式设备——联想Newglass智能眼镜。这款产品在医学、教育、工业生产乃至矿山开采勘测等领域都可以发挥至关重要的作用。例如，在医疗场景里合作，操刀医生戴着Newglass做手术，来自全球的顶级专家可以实时参与会诊。

显然，这些应用对于大多数人来说还比较陌生。这款在"To B（商用）"应用中发光发热的产品，如何在"To C（个人用户）"中被广泛认知，应用场景又该如何被体验和感知，这对于我们来说正是一个新挑战。那么，它的玩法又有哪些不同于以往呢？

1. 不筹钱，筹体验

这次众筹的目的很明确，不是筹钱，而是筹体验、筹分享。这次众筹的档位，我们首次将 1 万个 2 元档作为 Key（关键）档，即开放 1 万个名额，消费者只需要 2 元钱，就有机会获得"穿越体验师"资格。

2. 体验智慧旅游

配合这次众筹，联想的 Newglass 的正式亮相选择在"天下第一村"：山东周村。在周村的古街上，有很多大院和老字号店铺，当体验者戴上联想 Newglass 后，观看一幅牌匾或者一座店铺后，就能知道这个店铺的来龙去脉和历史典故，相当于请了一个免费的导游，而且过程中还可以实现 AR（增强现实）、VR（虚拟现实）的功能。

虽然，智慧旅游对于智能眼镜来说，只是其应用的冰山一角。但要让大众接受，就要敢于从冰山一角开始。

3. 线下配合

谁最能清晰发现智慧旅游的价值并传播出去？那就是旅行爱好者及智能硬件"发烧友"。所以在众筹项目开启伊始，30 多位科技发烧友齐聚山东周村古城，成为第一批体验者。他们参与线下活动，为这次众筹活动集中造势。这一次"线上 + 线下""旅游 + 科技""过去 + 未来"的跨界体验众筹，我将之定义为"场景式众筹"。

而这次众筹的完成，只是 Newglass 的智慧旅游项目的一个开始，后续项目还在继续。

现在每一款产品要面对的几乎都是细分市场，我们要想被大众接受，只能将营销信息从里层向外层递进传递，通过小众引爆大众，启动圈子之外的传播，这或许才是社会化营销的本质。

可以肯定的是，随着科技不断发展，未来众筹的形式和边界可能会不断创新，但消费者为王的中心思想是不会改变的。我们也正是抓住了这个本质，才能在社会化媒体营销之路上不断复制着成功。

第 **5** 章

经典实战：

粉丝与品牌的集体狂欢

∨∨∨

SUMMARY

"大胆猜想，小心求证"，讲的就是实践和验证的重要性。己所不欲勿施于人，自己没有验证过的理论，我们坚决不说、不写、不传，以免误导他人，这也是我们写作此书的一个基本原则。

我们把过往做过的一些代表案例整理出来以飨读者，这些案例既是本书所讲理论的来源，亦是其归处。

自组织运转与"上帝"推动：中粮腰果

关键词：KOL、自组织、圈层引爆

传统品牌适合做粉丝营销吗?

经常会有人问我们这个问题，我们也经常问自己。说实话，在遇到中粮腰果之前，我们心里也没底。以前找我们的，大多是一些创新性的产品，或者品牌本身就比较有调性，这样的产品或者品牌比较容易勾起粉丝的兴趣，但这次不一样。

对中粮，相信大多数人的认知都是中规中矩、非常传统的，它为人熟知的也都是米面油这些跟时尚、时髦八竿子打不着的产品。如今，它要做一款休闲零食产品，而且还要在互联网上引爆!

这种品牌反差带来的压力感曾经让我们却步，但最终尝试的勇气战胜了对现实的考量。结局也令人满意: 2014年，这款腰果产品由电商引爆，实现了过千万的传播量，直接带来了70多万元的即时销售额，并且具有长尾效应。这款腰果成功成为电商渠道明星产品。

选品第一

当然，必须承认，由于传统企业的品牌调性和产品属性，导致其在粉丝营销上存在很多的局限性，中粮腰果项目能运作成功，离不开一个非常重要的前提——合适的产品。

什么是合适的产品？我们认为必须满足两个基本条件：

1.内在：产品品质过硬，要有"尖叫点"

产品好永远是第一位的，产品是4P之首，没有产品力就没有营销。在大众传播时代，或许可以依靠垄断媒体资源打造品牌知名度，但在移动互联网时代，品质是最重要的社交货币，没有产品力一切都行不通。

当时跟中粮合作的时候，他们提供了很多备选产品，后来我们反复比较之后，最终选择了腰果这款产品，没有别的理由，就是因为这个产品好。中粮腰果的货源来自南非，比市面上的产品品质要高出很多，这一点，是我们经过对市面上几乎所有同类产品进行比较验证后的结果。

2.外在：社交货币值高，具备嫁接话题的潜质

在满足了第一个前提之后，还要兼顾第二个前提，这一条主要考虑的是产品是否适合移动互联网时代的社交语境，或者有没有改变提升的潜质。移动互联网时代，品质是品牌口碑最重要的基础，除此之外，还需要另外一枚社交货币——话题，产品本身要有"可晒点"，或者"槽点"，具备嫁接话题或者引发分享的能力。如果产品太过于平庸，会限制创意的想象空间，导致缺乏引爆话题的能力。

我们之所以从中粮所提供的众多产品中选择了腰果，除了看重它突出的品质外，另外一个原因就是考虑到它的社交货币值，"腰"这个词很容易引发联想，激发粉丝互动和创造的积极性。后来粉丝自发的晒"腰"运动验证了我们的这一判断。

规则第二

规则相当于一次活动的顶层设计，决定了活动的走向和传播的最终效果。

本次项目运营的最大不同之处就在于，过去我们是带着粉丝一起玩，这次是让

粉丝自己玩。事实证明，粉丝的自组织能力非常强，而且在没有过多约束、充分授权的情况下，粉丝参与的热情更高，创造力更强。当然，前提是设定好游戏的规则。

在做本项目时，我们发起了一个"中粮好舌头——第二届吃货大赛"活动：通过征集腰果名称和"吃货语录"来选出获奖者，送出非洲游大奖。与以往不同，我们在这次活动中主要扮演了一个组织者和裁判的角色，剩下的都交给粉丝自己来自由发挥。

第一步，我们先招募了30位KOL，这30位队长都是经过我们一对一沟通，层层审查筛选出来的，我们到他们每一个人的微博上去看，看他们的粉丝数量，微博中关于美食的内容占多少比率，更新微博的频率，是否有文案创意才能等，选出来的这30个人都是吃货里的精英。事实证明，这30位KOL在我们整个活动过程中发挥了非常关键的作用。

第二步，我们告诉这30位KOL游戏规则，然后剩下的工作就完全交给他们来完成了。我们为他们每人提供30份试吃产品，由他们担任队长并自主选拔出30名队员组成战队参加PK（对决），最终获胜者由30位不同领域的大咖作为评委投票选出，推荐人（队长）与优秀队员一起获得非洲游大奖。

游戏规则很简单，也很有诱惑力，这两点很重要。切忌把规则制定得过于复杂，这样KOL传达起来会很麻烦，粉丝也没有那么多耐心听你解释半天；而利益诱导是提升粉丝参与度的催化剂。

整个流程设计和传播，我们都采用了借势的方式。当时正值巴西世界杯开赛前期，我们借用了世界杯的赛制，一轮轮地淘汰，最终决出总冠军，所有的传播形式也尽量往足球方面靠拢。此外，由于《中国好声音》等选秀节目的热播，带火了"PK"概念，这也是我们借力的一个因素。

而接下来的发展几乎完全超出了我们的预料。每组队员，在队长的发动下热情高涨，队与队之间的"厮杀"气氛相当浓烈，都使出浑身解数为本队拉票。在最后投票阶段，各队队员都跑到评委大咖的微博上疯狂留言和私信拉票，一位评委表示，自己被@和私信了好几百次。一次品牌营销活动就这样华丽丽地演变成了一场集体荣誉的捍卫战（见图5-1）。

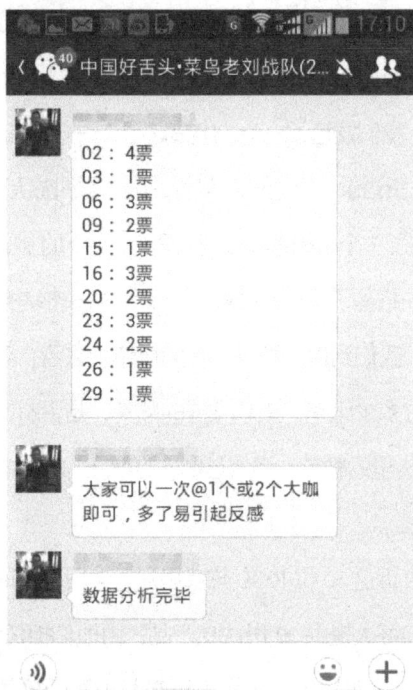

图 5-1　队员自发统计投票数据

　　同时，粉丝的创造力也被充分激发出来，在这个过程中产生了大量优秀的 UGC 内容，比如舌尖体"吃货语录"（见图 5-2）、为腰果创作的漫画形象（见图 5-3）等等，这些后来都被我们做成产品的腰封，不仅拉近了与粉丝之间的距离，而且大大改变了中粮传统的品牌形象。

从收到中粮腰果的那一刻，"粮粉"的脸上浮现出了丰收的喜悦，来自莫桑比克腰果之乡的精灵们此刻正在静静地躺在里面，等待着完成自己的使命，每个精灵都那么浑圆饱满，无疑是大自然的馈赠。一颗，轻轻地放入嘴中，这是自然与人最好的交融，温暖热情的果仁瞬间迸发，又瞬间粉碎，充盈口中。健康饱满，热情洋溢，却又不失缠人心头的那一番滋味，"金刚"二字浮现出来，强壮又带有一丝柔情，"金刚腰果，金刚腰果"他痴痴地念着，沉醉于美味之中。

舌尖体！

图 5-2　粉丝创作的吃货语录

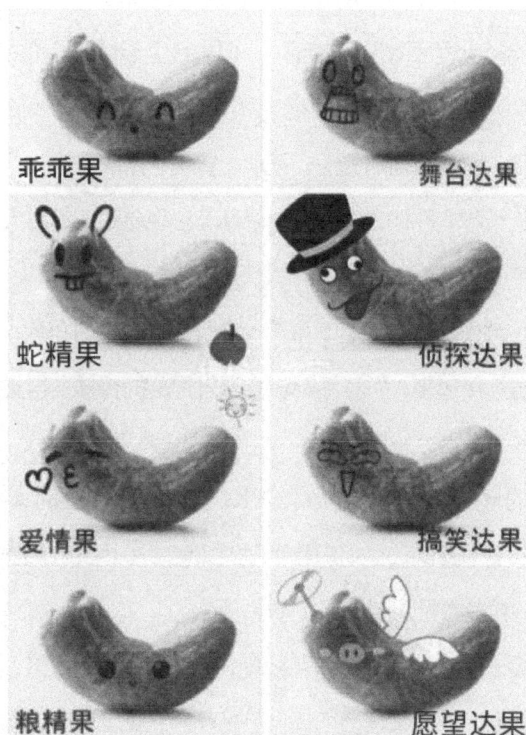

图 5-3　粉丝的漫画创作

而在这过程中，我们只做了一项工作，就是保持与队长们的沟通，只需要维护好这 30 位 KOL，粉丝就可以自己玩到"嗨"。

KOL 第三

这次活动让我们感触最深的，除了粉丝展现出来的热情和才能之外，另外一点就是 KOL（意见领袖）的作用实在太关键了。

项目复盘的时候，我们强烈地意识到一点：如果这次意见领袖没选好，整个项目就会搞砸，我们的命运其实都掌握在这 30 位队长手里。

给粉丝自由能最大程度激发出其潜能，但也是需要付出代价的，这个代价就是必须承担由此带来的失控风险。因为我们手里只有 30 位队长，而余下的 900 位队员完全不受我们控制，游戏规则的传达、互动、管理、组织等这些统统都需要队长来协助完成，假使队长不能胜任，在任何一个环节出现差错，都将大大影响本次活动的最终效果。

意见领袖在生活中往往扮演着联系员、内行和推销员的角色，是他们将一个个分散的人通过信息连接起来，并且活动信息通过他们的传播变得更加可信和更有感染力。

这次活动中的意见领袖除了这 30 位队长，还有作为评委的 30 位大咖。从分工上来看，30 位队长更多扮演的是组织和管理的角色，30 位大咖的作用则主要体现在传播上——他们的粉丝数量加起来超过 1400 万人。

按照我们的要求，30 位大咖评审需要先转发活动主帖再投票，不少大咖并没有直接投票，而是在微博或者微信上征询自己粉丝的意见，这在大咖与自己的粉丝之间以及参赛队员与大咖之间引发了热烈的互动，有效放大了传播效果。结果就是"吃货语录"直接登顶新浪微博热门话题榜首，而由于我们早就抢到了话题主持人，所以可以在热门话题下进行植入、推广，同时为官微聚集人气。"吃货语录"话题的火爆，直接带火了"中粮好舌头"话题，此话题被讨论了 5700 余次，阅读数 675 万。

然后，就有很多不明真相的群众开始问，为什么微博上都开始吃腰果了？粉丝群以及朋友圈里也不断有人问在哪可以买到。我们这个时候适时抛出了一个"聚划算"购买链接，很短的时间内就成功卖出去 3 万多罐产品。事后我们反思，如果当时选择京东而非天猫（当时微信上不允许转发淘宝链接），相信一定会带来更大的销量。

在这场活动中，30 位队长相当于我们圈层理论中的核心层，30 位大咖评委相当于影响层，而其余的队员以及后来被卷进来的不明真相的群众属于外围层。从核心层到外围层要经过无数的圈层壁垒，而推动这场圈层运动的关键力量就是这些KOL（队长、评委）。

中粮原本在很多人眼里是一个非常传统的品牌，尤其对于年轻人群来说更是无感。在他们眼中，中粮只有知名度，缺少品牌好感度，很多人甚至不知道中粮下面到底有哪些产品。这次活动最大的收获就是打破了中粮传统的品牌形象，成功拉近了与用户之间的距离，使得品牌好感度在年轻群体中得到了大幅度提升。做粉丝营销，其实就是帮企业"转换"一批朋友，结交一批对品牌有好感的人群。

从寻找粉丝到制造粉丝：炸弹二锅头

关键词：参与感、第一个模仿小米并成功的营销案例

"炸弹二锅头"是我们在 2013 年接的项目，当时正值以江小白为代表的个性小酒兴起，炸弹二锅头品牌方见识到了粉丝的力量，也希望通过粉丝营销扩大自己的影响力，更为直接的目的则是为几个月后的经销商大会造势，帮经销商建立信心。

当时，炸弹二锅头在长沙当地已经小有名气，餐饮店有铺货，网上也散布着些用户的自发传播，可以说是有一定的粉丝基础，但因为缺少系统的引导和操作，基本没有形成有影响力的系统传播。鉴于这种背景，我们提出做一场类似小米"米粉节"的粉丝落地活动，并把活动分为两部分，一是线上预热和招募，二是线下落地活动执行。

线上：启动全媒体矩阵，从零开始找粉丝

传统品牌最大的问题就是不知道自己的用户是谁，而粉丝营销则是解决这一问题的最佳手段。对于个性小酒这样的产品，用户基本上都是以"80 后""90 后"为主的年青一代，不同于传统消费者，他们是数字化生存的一群人。正是由于这种属性，才使得品牌有可能直接与之建立关系，而建立关系的途径就是通过互联网。

做粉丝活动，首要的任务就是找到粉丝，而想找到粉丝就必须弄清楚粉丝到底是谁。结合品牌实际情况和前文提到的圈层理论，我们为这次重点邀请的粉丝做出了两个限定：一是要在湖南，方便落地；二是要对炸弹二锅头有一定认知，要么是有过购买行为，要么是在饭桌上喝过或是在互联网上提及过。最后，我们给炸弹二锅头的粉丝起名为"炸弹人"，简单、响亮、易记。万事俱备后，为了帮炸弹二锅头找到自己的粉丝基本盘，我们启动了以微博为主的全媒体矩阵（当时正值微博鼎盛时期，微信相对弱势）（见图5-4），根据各个媒体的属性量身定做内容和沟通方式，最后将粉丝统一引入QQ群里进行沉淀。

图5-4 粉丝营销全媒体矩阵

1. 微博："寻找炸弹人"招募活动

微博是当时流量最大的新媒体，因此我们将粉丝招募的主战场放在了这里。主要采取了三种方式：

（1）通过精准搜索，找到散落各处的粉丝

这个方法很"笨"，却很实用。具体做法就是在微博上输入关键词，找到谈论"炸弹二锅头"的人，然后通过官微与之互动，从而建立关系。通过这种方式，不仅将隐藏着的品牌粉丝找了出来，还改变了官微以往死气沉沉的形象，使官微的活跃度和浏览量大大提高（见图5-5）。

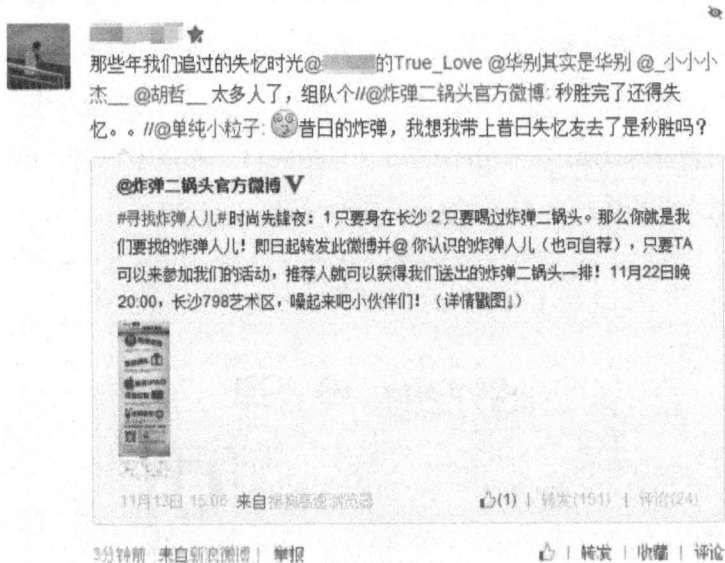

图5-5 通过微博互动，粉丝的热情被调动起来

（2）发布"寻找炸弹人"招募贴（见图5-5）

在找到一批"隐藏粉"并活化了官方微博后，接下来就需要更大范围的招募。在社会化媒体时代，每个人都可以是有话语权和影响力的自媒体，所以此时我们借助了网民的力量，让大家帮我们找出身边的"炸弹人"。

活动的形式很简单，门槛也很低，只要你转发活动帖并@身边符合要求的"炸弹人"，就有机会得到品牌送出的炸弹二锅头礼品装。都说酒是具备社交属性的产品，这不单体现在饭馆里，在线上也同样适用。有不少网友趁活动的机会@出了曾经一起征战酒场的"铁磁"，短短几天内就将活动推上了长沙当地的热门话题榜。与此同时让我们意想不到的是，活动的火爆竟然传到了湖南人民广播电台那里，对方主动找到我们进行了电话连线，在下班高峰期为我们在交通广播做了一期免费的宣传。

就这样，依靠着工作人员、粉丝的努力以及当地媒体的烘托和支持，"寻找炸弹人"活动最终帮品牌找到了数百名符合要求的"炸弹人"，影响力覆盖超过百万人。过程中，我们也花钱找了一些所谓的大号进行转发，但活动之所以如此火爆，多半还是归功于粉丝的自传播能力。

2. 豆瓣：同城活动

豆瓣的同城活动板块经常会有网友自发组织各种有趣的活动，是当时比较知名的垂直型活动组织、参与平台。于是我们在豆瓣以"炸弹二锅头狂欢派对"为名发起线下同城活动，在豆瓣长沙六大小组内同时推送活动信息。该活动瞬间得到了爆发式的反响，吸引了大量网友进行咨询和报名，短短几天内，活动报名人数就高达数百人。

并且，在粉丝的踊跃响应下，这次豆瓣同城活动成功跻身长沙同城活动首页，获得了极高的曝光率。

3. 微信：信息发布

同时间，我们也利用炸弹二锅头官方微信同步推送活动信息，利用微信的圈子资源扩大活动影响。因为当时微信还没有起势，所以我们没有作为重点渠道来做。此外，在活动发布之后，在长沙陌陌平台上有粉丝自发发布我们的活动信息，未经推广便有百余人报名参加，由此也可以看出陌陌在长沙活动圈子的重要性和活跃度。

4.QQ 群：增进感情，维系粉丝忠诚度

粉丝可以来自多种渠道，但最终需要沉淀在一个池子里进行发酵，因此在引流之前就应做好所有准备，最好是提前建立"大本营"。当时我们便利用了社群这一载体，将成功报名的粉丝统一引入 QQ 群，并用"BOMB"作为群名片前缀，加强了炸弹品牌概念。我们在 QQ 群和每一位粉丝都进行了良好的互动，加深了彼此的亲密感

和信任度，粉丝也自发为活动写大字报、设计物料等。我们的任务就只是给予他们基本的方向和足够的参与感，他们则回报了非常优质的 UGC。除此之外，我们还通过社群里的有序引导，使粉丝成了品牌的宣传员和使者。

此次线下活动场面之所以如此火爆，一个很重要的原因就是通过社群互动，粉丝与我们之间以及粉丝与粉丝之间的感情持续发酵。大家在还没有见面之前，已经在群里建立了比较熟络的关系，由于神交已久，见面之后更加亲切和兴奋。

线下：落地活动执行经验

持续的线上造势和预热，使得"炸弹二锅头时尚先锋夜"活动现场的氛围达到高潮，粉丝的热情被点燃，经销商也看得信心倍增，炸弹二锅头在湖南市场终于全线引爆。关于线下活动，我们总结出以下几点经验：

1. 定位要明确

既然是粉丝活动，就一定要让粉丝成为现场的主角，无论是活动的设计还是流程的编排，都要以最大限度发挥粉丝的创造力为前提。所以你会发现，当天无论是品牌领导人、主持人、美女校花还是 DJ，他们在现场的任务和目标都只有一个：陪粉丝玩，哄粉丝开心。

2. 参与感要强

粉丝活动切忌办成"文艺晚会"，这是我们在做本次活动之前的原则。之前看过太多品牌活动，90 分钟的流程里塞满了乐队、舞蹈，看得台下观众昏昏欲睡，毫无参与感。而我们办粉丝活动，思考的点只有两个：粉丝能不能玩得开心，愿不愿意跟别人分享。

活动当天，我们设计了少数几个表演节目，多数环节都是邀请粉丝上台参与，甚至直接邀请粉丝进行表演。事实证明我们还是小看了粉丝的力量，来到现场的每一个粉丝仿佛都身怀绝技，有打鼓的、表演魔术的（见图5-6），还有借着酒劲上台声情并茂讲故事的。当然，事后粉丝也纷纷在朋友圈、微博上传了自己当晚的照片，并多次在群里追问"下一次什么时候"。

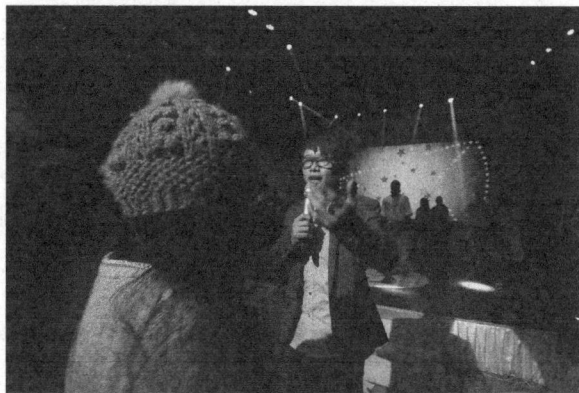

图5-6 粉丝现场自告奋勇给大家表演魔术，相当专业

3. 活动现场一定要具备"社交货币"

社会化媒体时代，玩什么是次要，晒什么才重要。所以，活动现场让粉丝玩什么固然重要，但更重要的是让粉丝进行分享。这次线下活动，我们在现场准备了丰富的分析素材，包括环节上的、布置上的，还有美女跑车等等。

（1）炸弹体大字报

结合炸弹二锅头的特性和长沙当地方言、土话、习俗等，我们制作了一系列创意大字报张贴于现场，供粉丝拍照分享。

（2）"炸一个"字牌

邀请粉丝用"……时刻炸一个"造句并写在标语牌上，工作人员现场进行拍照，拍出照片立即贴在现场照片墙供粉丝合影留念。

（3）邀请"校花"到现场

我们邀请到了湖南师范大学校花谢丛钰，并且策划了"×丝表白"环节，现场表白的"×丝"其实是我们的核心粉丝之一，他自告奋勇并且成功地胜任了这一角色，将现场的气氛带到了高潮。

（4）击鼓传炸弹

粉丝玩得最"嗨"的，当属"击鼓传炸弹"环节。像击鼓传花的规则一样，炸弹二锅头停在谁手里，谁就得炸一个（喝一个），现场笑料百出，甚至连场地工作人员都抑制不住冲动参与了进来。

4.线上线下要联动

这次我们在新浪微博上策划的热门话题"酒后吐真言"并不只局限于线上，它是贯穿整个线上招募和线下落地过程的，线下粉丝活动的最高潮，就出现在大家为了拼第一，刷爆朋友圈和通信录请朋友为自己"转评赞"，并在现场大屏幕同步见证的时刻。

那么现在就来简单讲一下"酒后吐真言"的操作过程。

首先为什么是"酒后吐真言"呢？大家都知道，酒过三巡之后，许多平时不敢说的就没那么难以启齿了。这次的"酒后吐真言"话题规则，就是希望大家借着点"酒劲儿"，说说平时不敢说的话，管他真的假的，要的就是语出惊人。当然，真话也不是白说的，只要你带话题发的微博能在活动当天获得转评量最高，就可以带走炸弹二锅头提供的"传家宝"（每年一份炸弹二锅头礼包，后代仍可使用）。

为了配合话题营销，我们提前抢占了"酒后吐真言"话题主持人，并在话题内部植入品牌元素。落地活动前一天，我们通过微博、微信、电话、QQ群等全面向粉丝公布了本次微博话题互动的规则，不想才公布完不久，"酒后吐真言"话题就在微博上瞬间"炸"开了。

截止到时尚先锋夜现场颁奖，"酒后吐真言"微博话题总计吸引了近千用户参与（不仅炸弹二锅头粉丝，很多不明真相的网友也深受感染自愿参与），覆盖人群过百万，多条带话题微博成为当日热门微博，该话题也成功跻身微博热门话题榜前十位。而在现场粉丝所发微博中，单条获得的最高转发量超过500，该粉丝也获得了"传家宝"大奖，并声称将是炸弹二锅头一辈子的"死忠粉"（见图5-7）。

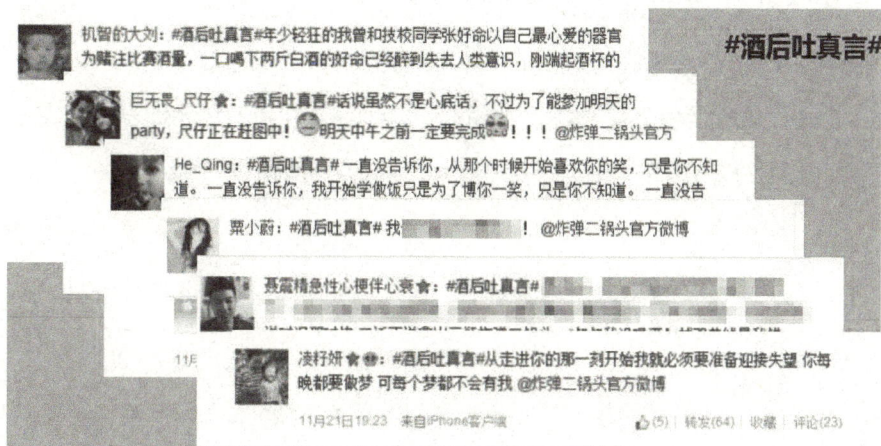

图5-7 粉丝创作的"酒后吐真言"UGC

5. 收集现场内容素材，为后续传播做准备

当天我们邀请了多位专业摄影师在现场进行拍照，留下了许多照片素材用于后期传播。另外，当天拍摄的粉丝手持标语牌的照片、粉丝与校花和豪车的合影等，都成为了后期重要的二次传播素材。

活动目标及实现情况

本次活动，我们共设立了两个目标：

第一，将湖南地区的活动制作成具有样板性、示范性的模板，为今后其他地区的活动奠定基础。

第二，全面开展"造粉工程"，积累忠实粉丝，培养炸弹二锅头的美誉度和用户忠诚度。

从实现情况来看，我们超额完成了任务。通过"寻找炸弹人"活动，我们成功找到了炸弹二锅头在长沙的核心粉丝群体，并利用社群机制与其培养了强关系，最后在线下引爆。成功实现了"从零开始"找粉丝和"从线上到线下"这一全新粉丝互动模式，可以为品牌在其他省份的类似活动提供充分的复制蓝本。

同时，作为第一个成功复制小米粉丝营销的案例，品牌及案例本身都在市场上得到了极高的曝光度和美誉度，互联网上与之相关的话题也随之增多。

以员工为粉丝砌筑圈层：千年汾酒

关键词：老品牌新营销

在大多数人看来，白酒是不折不扣的传统行业。不过，如此"传统"的一家白酒企业也实施了一场轰轰烈烈的"造粉工程"，这家企业就是汾酒。

2016年农历九月初九，坐落于山西汾阳杏花村的老牌白酒企业——汾酒集团，在这里举行了一场别开生面的封藏大典，引来大批粉丝。而汾酒造粉的逻辑，正是遵循着粉丝营销三大黄金法则。

圈层：内无粉丝，外无品牌

圈层营销的核心是找到核心层，人们往往去外面去找，而忽视了企业内部员工。我们一直强调"无员工，不粉丝"，员工是离品牌、产品最近的人，也是我们必须予以重点关注的人。可以说，汾酒成功的背后源于"工匠精神"的有效传承。

很多企业问我，如何打造粉丝？我一直说，要想打造外部粉丝，企业员工首先要成为自己品牌、产品的粉丝，即先要有员工相关的内部社群。在内部社群的基础上，才能通过员工对产品的爱、对企业的爱，去影响用户。

在汾酒，酿酒师大多世代以酿汾酒为生，至少是祖传三代以上的传人。他们对于汾酒的品质有着非常严格的把关流程，一直以"一辈子只为酿好酒"为工作理念，坚持手工酿酒，认真对待自己工作中的每一道工序。

　　借助此次活动，通过这些汾酒匠人的影响，更多汾酒员工成为公司的粉丝，企业文化进一步落地。一位在汾酒工作了十几年的员工说，今天的封藏大典让他很激动，虽然在这家企业工作这么久，但从来没有对汾酒这么自豪过。

　　内部粉丝是核心中的核心，基本盘中的基本，有了这股力量，才能撬动更多的外围人群。"品牌粉丝化"是需要团队支撑或者是企业内部社群支撑的，"内无粉丝，外无品牌"，不论是企业的员工团队还是所谓的"核心圈"，都是一个品牌基本粉丝盘的核心。

　　在汾酒的活动中，除了调动内部员工的积极性和参与度，我们还组建了一个由被选中的"汾丝"代表和一些较有影响力的 KOL（意见领袖）组成的汾酒粉丝群，在整个活动的传播过程中，这个包含 70 多名成员的"汾丝体验团"发挥了至关重要的作用。同时，在众多直播平台，我们还安排了线上 20 位网红、线下 4 名美女主播和粉丝进行全程互动交流，在线观看总人数超过 200 万人次（见图 5-8）。

图 5-8　汾酒封藏大典现场的网红直播

在"汾丝体验团"意见领袖们和网红的带动下，更多的"汾丝"和围观群众参与到活动中来，最终由汾酒发起的微博话题——"我藏一坛酒"迅速占领了微博热门话题榜首位，千万次的阅读量以及超过8万条的综合讨论，将该话题推向了高潮。而每一与该话题有关的讨论以及截图被转发后，都会以链接二维码的方式为汾酒官方微信进行引流，为销售创造了更多的潜在客户。其效果也是显而易见的，据有效统计，封藏大典当天上午，仅两个半小时，头锅原浆汾酒销量便超过5000坛，这是传统销售历史上从没有出现过的情景。

正如我们在书中多次强调的，圈层一定是从小到大的，从核心层到影响层再到外围层。我们的核心层是对汾酒有感情的这些人，主要以"85前""65后"的男性为主。影响层是我们请到的网红大号和KOL意见领袖，而外围层其实就是大众。

情感：恰到好处地煽情

在情感层面，我们主打了汾酒情怀牌。自公元563年至564年北齐武成帝隆重推荐汾州美酒"汾清"至今日，汾酒已有近1500年的悠久历史。同时，汾酒也是中国白酒中唯一一个拿到巴拿马金牌国际大奖的白酒，当地人对它的感情基础更是非常深厚。为了充分打好感情牌，在这次封藏大典上，我们也给了大家一个惊喜，请来了著名导演、汾酒忠实粉丝——汾阳人贾樟柯。所谓的粉丝影响，我们将其分为痛点、痒点和"嗨"点，而这次贾樟柯导演的突然到来，实际上，让粉丝达到了一个"嗨"点。通过贾樟柯对汾酒厚爱及其名人效应，串联起众多汾阳人对汾酒的深厚感情。

另外一个就是主打亲情。活动时我们用H5专题页面还原了一个真实的故事：我有位同事的奶奶已经87岁高龄了，患有阿尔兹海默症。每一次见面时，奶奶总喜欢反复地跟她说一句话："你一定要记住我。"每当听到这句话，我的同事总是感到悲喜交加，喜的是奶奶高龄尚且健在，悲的是奶奶时常忘记她是谁。因此，在我们为白酒举办征名活动时，该同事联想到，等到新酒三年后开封时正是她奶奶90大寿，她希望能够在奶奶90大寿时为其拿出这款酒。因此，她将酒命名为南山，寓意寿比南山。这个故事感染了好多人。

参与感：置身其中才能全情投入

一场活动的引爆，光有线上传播是不够的，线下的体验也是不可或缺的。上述提到的"汾丝体验团"被我们邀请到了汾酒生产车间，不仅实地参观了汾酒的自动化流水线车间，还在汾酒酿酒师的陪同下，对酿酒蒸馏的过程进行了亲身体验。在汾酒，这样的体验环节还是首次开放。

此次体验，给很多"汾丝"留下了深刻印象，他们对汾酒酿造过程的考究惊叹不已。有"汾丝"在参加完活动后感慨，汾酒的这次封藏大典集传统文化、时尚互动、仪式感以及人情味于一体，是传统酒企在互联网时代的一次全新尝试。同时，这次活动也让人感受到了汾酒对于传统文化的尊重和传承，使人对其品牌好感度大幅提升。

我们在现场还发起了一个征名活动，邀请我们的核心粉丝来参加当天的封藏大典。当时的种种动人画面，我自己看了都很感动。实际上，还有很多情感在不经意间打动着在场的每一个人，比如酿酒人对酒的感情，他们严谨的动作，认真的态度，以及对汾酒深厚的情怀，都十分令人感动。

下面，就是我们在活动中收到的一些粉丝感言：

1.我今年是博士研究生第二年，27岁，三年之后是父亲的花甲之年，我的而立之年，也是我告别学生生涯、走向社会的一年。

我期待喝酒的场景是：带着学历、工作以及女朋友回到家中，我亲手准备一桌的菜，和爸爸、妈妈、姐姐一起，在亲人的祝福中，拿出这款名为"功成名酒"的酒，把酒言欢。

2.十年前带着梦想来到这座陌生的城市，只为寻找一个欢乐的人生。十年中经历多少悲欢离合，不忘初心，继续寻找欢乐的人生，我给这款酒起名为：寻欢。

除此之外，现场还有很多好的名字和UGC，比如陌上花、初心、合欢等。活动中，我们还做了"穿越之旅"等内容，产生了更多的UGC。我们负责引导，粉丝负责创造。最后，粉丝基本盘就变成了一个顺口溜群，一些非常有才的粉丝原创了很多内容。

活动后，我们均对其进行了整理，并放进电商的页面，进行了二次传播。

无论圈层、情感还是参与感，最终的目的都是为了转化粉丝，创造口碑，并最大化传播出去。这是粉丝营销的标准动作，而汾酒的这次创新实践堪称典范。至此，汾酒这样一家传统企业的传统形象被彻底颠覆，品牌与用户之间的距离也瞬间拉近。

打造击穿时空的超级 IP：姜太公

关键词：区域文化 IP 打造

《王者荣耀》在 2017 年成为现象级游戏之一，而与之一同火起来的还有一个历史人物——姜子牙，玩家对游戏中姜子牙这个英雄角色的设计颇有争议。

有玩家认为，姜子牙作为历史名人，在中国人心中的地位不可小觑，但在《王者荣耀》中，却被塑造成了"反面派"——"生存能力差、技能太鸡肋"导致其成为"最不受欢迎的游戏角色之一"。据说许多玩家在打排位的时候一见姜子牙，瞬间就有要输的感觉。这件事甚至引发姜氏后人鸣冤，一位自诩为姜子牙后人的吕姓玩家还在朋友圈抱怨："技能设定太坑！"

虽说玩家们对其人物设定颇有争议，但在收到大量负面评价的同时，一个名为"农药坑货姜子牙"的话题也被推上微博热门话题榜榜首，引发网友热议，并迅速发酵……短短几个小时，阅读量高达 33.4 万、讨论量高达 2 万。而围绕姜子牙的周边 IP（知识财产），也如同插上了社会化营销的翅膀，让"姜太公"这个超级 IP 形象在两个月内蹿红网络。

姜太公 IP 的迅速"蹿红"，更是在 2017 年山东淄博举办的第 14 届齐文化节上达到沸点。姜子牙从《王者荣耀》穿越到现实中，演变成了一个城市品牌打造的成功案例。

IP 之于区域发展的意义

在中国历史上，姜子牙曾经成功辅佐武王伐纣，建立周朝，并辅佐了周朝六代君王，功勋卓著。周室感念姜子牙，特奖励姜子牙齐地（现今山东临淄）为封地，于是姜子牙成为齐国始祖。后来齐国发展迅猛，成为春秋五霸之首，齐文化也迅速发展，并得到了后人的广泛传承。这些都与姜子牙有着紧密关系。

而在山东临淄这个文化圣地，对姜子牙的地位奠定更有现实意义，自古以来，当地就有"祭姜"的传统，如果他能成为这座城市的"形象代言人"，那么对于打造城市文化 IP 无异于锦上添花。

在临淄举办的"姜太公诞辰 3156 周年民间祭礼大典"（祭姜大典）活动上，鼓乐铿锵的人潮中，还出现了数百名外国人。

姜太公这个曾经活跃在中华文化舞台 3000 年的超级代言人，博得了海内外姜太公后裔的深深喜爱和尊重。

因此，挖掘历史名人的故事，将其作为公众消费的出口，既能传播中国传统文化，又不失为打造特色城市 IP 的一条捷径。以姜太公为传播出口，推广齐文化才是主要目的。我们通过巧妙的历史挖掘，传播中国文化故事，向公众呼吁关注传统文化，从而提高大家对齐文化的关注度。

而通过姜子牙和当下流行的游戏《王者荣耀》，引出齐文化节和祭姜大典，算是巧搭顺风车。关于姜子牙的创意传播，也打破了以往的传统宣讲窠臼，从而吸引了公众的目光，实现了移花接木似的效果。

"网红姜"的爆红轨迹

姜太公是沉淀历史千年的古董级人物，想让今天的新生代关注他，绝非易事。

在整个"齐文化IP"项目策划之初，我们的创意团队煞费苦心，不过仍然指向一个核心——借势。

随后，一个极富创意的H5微场景作品《齐国有嘻哈》诞生了。在这款魔性的H5微场景作品中，姜子牙的形象被塑造得灵动俏皮，戴着墨镜，唱着有节奏的Rap，跳着"老姜Style"，亲自为齐文化代言助阵，画风幽默炫酷，着实令人眼前一亮。姜太公变成了现代"网红姜"，彻底颠覆了大众的原有认知，一路刷屏朋友圈，引来无数点赞与转发（见图5-9）。

图5-9《齐国有嘻哈》中姜太公的漫画形象

这个H5微场景作品借势了2017年走红的某网络音乐选秀节目。仔细盘点这个创意，有两个关键价值点：

一是打破用户思维定式，引发传播爆点。借助选秀节目的热度与名气，以"H5+Rap"形式重新塑造历史名人形象，打动了很多用户。一改过去传统历史人物在受众心中刻板、严肃的固有形象，取而代之的是幽默诙谐和现代感，瞬间引发了受众的关注。

二是符合年轻人的调性，激发传播共鸣。将一向足智多谋、老成稳重的姜太公打造成"嘻哈"歌手，辅之以动画形式，这与有个性、有态度的年轻人，尤其是"90后""00后"的品位相吻合。而年轻人本身就拥有扩散话题的巨大势能基础。

原本是古代大咖，经过创意性"包装"——将传统与现代融合，使说唱与科技相得益彰，这种创新手法在互联网上怎能不赢得好评如潮？据统计，《齐国有嘻哈》H5作品发布当天，点击量突破百万。

与此同时，在微信端口，以姜太公为原型特别设计的专属表情包，也是可圈可点。一个正经八百的人物形象，再次被"娱乐化"。

在现代快节奏的生活中，简单、有趣的表情包，已经成为一种充满传播力的线上社交表达方式。呆萌可爱的形象，配上俏皮的文字，在病毒式的传播中使姜太公形象更加贴合用户口味。

在传统文化中毫无违和感地植入娱乐元素，这种打造文化IP的创新方式是一种新潮，也是趋势。在整个齐文化节期间，姜太公的新潮形象在有趣的节奏中迅速扩散，一发不可收……

如今，IP资源开发的泛娱乐化已是一种趋势。这是移动互联网盛行的结果，也是粉丝经济得以充分释放的最大化体现。在古代齐国，姜太公无疑就是一个超级IP，时至今日依然有广泛的粉丝基础。若将这个超级IP打造成一个城市（山东临淄）的名片，它的价值定会非同寻常。

太公IP的品牌化运作

在中国传统文化中，鲁文化因孔子而广为人知，但同处齐鲁大地，齐文化的声量较弱却是个事实，也是一种缺失。借用今天的时髦说法，姜子牙这个超级IP并没有被充分挖掘和传播。

通常来说，一个超级IP自带流量，可以从本质上降低传播成本，并带动粉丝经济的爆发式增长。然而，能够成功引爆 IP，并找到商业化路径的却少之又少。打造文化 IP 更是难上加难。这需要的不仅仅是创意、创新，更重要的是眼界与开放的心态。

引爆一个现象级 IP 也许只是"术"的充分运用。业内有一种观点，IP 的品牌化才是终极形态，有品牌价值的 IP 才有跨界运营的资本，并能获得更多可观价值。这不无道理。

按照专业说法，IP 通过内容实现人格化的构建，而品牌则通过产品与服务支撑价值主张，两者之间存在转化关系。如何转化呢？我们团队为此做了一次大胆的尝试。

临淄是一座历史文化名城，齐国在此定都长达 800 余年，而姜太公又是齐文化的奠基人，假如可以打造一款以姜太公为原型的主题系列产品，不但可以成为齐文化的内容支撑点，也有助于提升城市的知名度和品牌影响力。

其实这可以从日本熊本熊的火爆找到借鉴之处。在日本熊本县，熊本熊已经成为当地吉祥物，时常"出没"在各大社交媒体网站，形成了自己独特的 IP 形象，并且成为当地旅游经济的引擎。在当今社会泛娱乐趋势下，一个现象级 IP 的横空出世，不仅可以成为一个城市名片，更能够带来巨大的经济效益，从而有效提升城市竞争力。

于是，一款独特的"太公饼"悄然出炉。

太公饼的由来，确有一段历史故事：姜太公年轻时，由于家境穷困，曾以卖面粉为生。一天他在厨房做饭，一边将面饼放在锅里，一边想着治国之道，结果将油瓶打翻在锅里，借着油又继续揉面，直到把面粉揉到极干。面饼被烤熟之后，竟然层层酥皮、美味可口……于是面饼开始热卖。

据称为了纪念这款"无心插柳"的面饼，后人形象地称其为"太公饼"。

但是一直以来，太公饼只是为人们所知，并未声名远扬。我们成功将这款产品嫁接到了姜太公这一超级 IP 之下，太公饼因为姜太公的爆红，也着实"火"了一把。限量的太公饼被一抢而空，很多粉丝为吃不到而感到遗憾。按照这个势头，太公饼被打造成一款以姜太公为核心内涵的爆品，也不是不可能。

当然，要让一个超级 IP 成为城市的发展引擎，要做的远不止这些。但是，成功引爆一个 IP，"姜太公"案例无疑给风口下的文化 IP 提供了一个可借鉴的新样本。

情感信任激活千万众筹：三个爸爸

关键词：京东众筹第一个千万记录

当年，我们运营"三个爸爸"空气净化器项目的时候，简直可以用"三无"来形容：既无产品（玩的是产品预售），又无品牌担保（新创品牌），更无老用户口碑（我最初也只看到过工程机）。在这样的条件下，我们创造了京东众筹首个过千万的记录，着实不易。

换位思考一下：现在街边发广告的，纵然让你花 10 元钱买个优惠券，不论承诺如何，你都会选择熟视无睹，更何况是让你在网上购买单价千元甚至几千元的"三无"产品呢？想想看，这是多么困难的事。

但如今的营销，考验的就是你能做到几分"参与感"、几分"调动性"。没有前期的精准策划与积累，很难引爆卖点；如果只一味"自嗨"，不去考虑受众的感受，其结果可想而知。

我认为"三个爸爸"能够成功，关键是把握住了以下六个要点。

定位于儿童，实现聚焦

到目前为止，市面上的空气净化器都是按照使用场所或使用方式分类的。比如说车内的、家庭的、中央的。而"三个爸爸"是中国第一个清晰地按照使用人群来分类的空气净化器。

能有这个精准定位，很重要的一点就是"三个爸爸"几个合伙人前期通过建立微信群，设计调查问卷，调查了几百个准消费者，让大家对空气净化器价位、功能、使用者等进行讨论并投票。

通过调查发现，小朋友和老人是最容易引发购买的，因为雾霾对他们的侵害最大。

其中，大家优先关心的是小朋友，在孩子的健康方面，他们表现得更为急切，也更愿意花钱。当然，实际使用者多数是年轻人，也更容易接受、使用。而老年人人群中，家里即便有了空气净化器，也不见得有使用的习惯。

既然"三个爸爸"对产品技术足够自信，敢和医疗级品牌"单挑"。那么，不如直接定位于孕妇、儿童。在这个最苛刻的领域一枪打响，将是奠定行业地位的最快路径。

产品形成精准定位之后，目标人群也就清晰了。我们的目标人群就是（准）孩子的爸妈及其亲友。

一句话，当你面对一场"战争"，首先至少要清楚你的目标是谁。这个环节解决不好，进行后面的环节时，你就会掉进自己预设的陷阱里去。在战场上，你是否看准了方向，直接决定了你的杀伤力，若不然，纵然兵精粮足也无济于事。

这一点特别重要。多数品牌的创始人总是舍不得细分、再细分，认为所有人群都需要他的产品。与其说他找准了所有人群，不如说他没能看到每个细分人群的痛点；与其说他对自己的产品足够自信，不如说他对产品还没有足够清晰的认知。

那么，形成精准定位之后，针对这个人群，我们做了什么事情呢？

有参与感，才有共谋：给消费者一个理由

这一步骤的关键在于，如何在没有产品的前提下，吸引消费人群对你的品牌产

生认知，甚至建立起信任感。

1. 让产品的性价比可视化

如何把"价格适中、性能更好"展现出来呢?

"三个爸爸"在消费者调研过程中挖掘到60多个用户痛点，再从中找出了12个最重要的痛点，并简化成4个核心痛点，最终集中解决掉，形成主打卖点:

（1）用数据说话，让净化效果直观可视

比如PM2.5的去除效果别人的产品不可视，"三个爸爸"就在产品里直接装了工业级的PM2.5传感器，通过网络连接，手机App上能够即时显示家里PM2.5的数值。

（2）制造PM2.5为零的尖叫点

实现出风口PM2.5为零，能做到这一点的产品市场价通常要近万元。

（3）军工技术除甲醛

用潜艇军工的科技去除甲醛。当然，"三个爸爸"在传播这个技术的时候，需要让消费者听得懂、看得明。

（4）二氧化碳变氧气

同样借助潜艇技术，把二氧化碳催化成氧气，解决了室内不开窗的情况下二氧化碳升高的问题。

既然已经解决了消费者的问题，那么你的产品就是他们需要的，哪怕需要等待。重视倾听他们的声音、与他们互动，你的用户思维才能展现出来，他们才会更加信任你。

2. 为产品注入"情感"

"三个爸爸"创始人创业的出发点正是因为他们是"偏执狂爸爸"，他们把三个创业人的情怀灌进了品牌故事里，形成了"爸爸精神"——"对孩子偏执的爱"。

注入这种精神之后，产品变得有爱，也让"三个爸爸"品牌与用户、合作伙伴之间的沟通变得简单。

比如在用户层面，"粉丝"即便不是"偏执狂"，但他也希望别人把他看成一个特别"有爱"的父母。因为父母对孩子都有着朴素的感情，而这个产品可以成为每个"偏执狂爸妈"的情感寄托。因为情感认同所以有了参与感，有参与感之后，用户开始向粉丝进化，一个品牌行为也就变成了用户粉丝与公司的共谋。

组建爱心检测团，坐实粉丝基本盘

"爱心检测团"成员，是我们逐个精挑细选出来的。他们都是精准的准用户，而且属于各个区域或各自领域的意见领袖。我们给他们每人发放了一个工程级检测工具（可以检测空气 PM2.5 和甲醛含量）。

很多成员拿到这个检测仪器之后，瞬间变得开始关注环境的空气质量了，甚至还有人成为空气质量的"自测专家"。

既好玩，又有用，还有参与感，因此他们也愿意跟周边的人分享。当然，他们也会在潜意识中形成一种认知：一个敢让你拿专业仪器来测的空气净化器，一定是专业的，至少是有底气的。从这个环节上来看，它瞬间秒杀了其他靠广告夸大承诺、靠导购口水来淹死消费者的那些产品。

后来，我们曾经设想过，把这些仪器同时投放给那些已经购买其他品牌的空气净化器的家庭，让他们检测、比对，相信那时候的分享会更有噱头。但是，考虑到杀伤面太大，过于有针对性，担心引起同行公愤，我们暂时放弃了这个计划。

现在来看，这个工程级的空气检测仪，在当时发挥出了足够大的作用。检测团成员不仅每天认真填写室内外空气检测表（事后做成各大城市空气质量检测报告用于传播），有的痴迷者还把仪器快递给身边的亲朋好友，或带着仪器到亲朋好友家里去检测。一台仪器，变成了"爱心传递"的象征（见图 5-10）。

在这个时期，已经不需要琢磨利用小恩小惠去收买粉丝，不需要做虚伪的承诺，不需要绞尽脑汁地推销，只需要因势利导，他们就可以付诸行动。这是不是人们常说的"信任"呢?

当一个品牌向他们传递出足够的信任感的时候,他们也会行动起来。这个由几十人组成的检测团,加上前期调研过程中沉淀下来的成员,成为"三个爸爸"的粉丝基本盘。

看似人数不多,但他们在各自朋友圈的分享,都分别影响到了几百人。事后看,他们当中很多人都带动了超过十人的成交,发挥了宣传员、推广队的作用,这对于后来京东众筹的成功,也起到了关键作用。

对于互联网时代的初创品牌来说,粉丝基本盘几乎是品牌建设的原点。如果在这个原点上做足功夫,是可以形成沉淀,提升基本功的。因为,你学会了面对粉丝——面对一小众人群,为他们深度服务,与他们深度沟通、充分互动。当然,你从中也可学会如何"调动"。

图5-10 总结报告图:检测团成员招募及测量之后的分享

事件思维＋资源调动能力

在"三个爸爸"案例中，事件营销的思维以及资源调动的意识，可谓精彩，值得分享。

比如参与京东众筹。

在当时，一些成熟的商业品牌根本看不上京东众筹。因为这些品牌面临着太多选择和诱惑，而京东众筹在此前并没有足够大的光环。因此，京东众筹也希望能创造一个光环，吸引更多品牌和公众的关注。所以，面对京东众筹，如果抛出一个1000万元的众筹目标，结果会是怎样呢？

别说1000万元，哪怕是500万元，都已经是当时中国众筹界奇迹了（在"三个爸爸"之前，京东众筹的记录是250多万元，全网的消费品众筹纪录是400多万元）。因此，这样的目标对于京东众筹本身来说也很有诱惑力，能赢得他们资源上的倾斜也是必然。

再比如"三个爸爸"背靠"黑马营"，以"黑马"的名义出征，得到了"黑马营"许多兄弟们的支持（后来扩大的粉丝基本盘成员就包括一些黑马营成员），"三个爸爸"最终也成为"黑马营"的黑马案例。

一个成熟的资源整合者，一定是以实现共赢为终点的，而不是谁占的便宜多了些、谁吃亏多了些。否则，他注定会在每一次合作中磕磕绊绊，甚至合作受阻。

"三个爸爸"正是懂得在"借势"的同时，把"利他"层面也做好、做足，最终把"一个人"的事情，做成了大家的事情。

除此之外，对公众话题和热点事件的把握能力，也是"三个爸爸"成功的重要因素。

比如，戴赛鹰偶然间看到"媒体曝光中国市场上卖得最好的10个净化器品牌，除甲醛基本无效"的新闻，就马上拿着他们的机器去国家检验中心做检测，专家检测后说"我从来没见过除甲醛效果这么好的产品"。这也成为"三个爸爸"很好的宣传素材；还有，北京马拉松的时候，看到有人戴着口罩、防毒面具跑，他们也派了一个合伙人背着"三个爸爸"的机器跑，并拍下照片，和这些口罩、防毒面具的照片一起发到网上，很多人看到后说："有个人背着机器在街上跑步呢……"这种令人感到搞笑的行为很好地迎合了网民的娱乐精神，也带来了大量的品牌传播和曝光度，为众筹成功奠定了基础。图5-11所示为"三个爸爸"众筹结束时的成绩单

图5-11 众筹结束时的成绩单

"30天众筹1000万"的背后玄机

"京东众筹30天内完成1000万"这个有挑战性的目标（其他众筹项目多是40天以上），恰恰成为整盘棋当中最智慧的一步。

为什么呢？

"三个爸爸"定下了京东众筹1000万元目标之后，带来了什么？带来了结果倒推。

比如，对于我们项目组来说，在整个众筹期间，至少不下一百次自问过这个问题："30天，1000万的目标，能不能达到？"

对于"三个爸爸"的几位创始人的其他支持者呢？同样如此。比如在黑马营，大家都会认为这是"三个爸爸"的一次自我挑战，一个跟时间赛跑的比赛。而这个

梦想是清晰可见的，不是虚无缥缈的。

其实作为观众，你应该看到了这一点。你会在朋友圈里不断看到"支持老戴完成自己的创业梦想""为海滨创业的梦想加个油""祝福宋总创业冲刺成功"（"三个爸爸"创始人见图5-12）……梦想、激情、敢于自我挑战，反而激发了更多人的分享。

你不妨也换位思考一下：如果你的朋友也有这样一个自我挑战的目标，他的产品不仅是大家需要的，而且还是良心价格，你是不是也会顺手将他的故事在朋友圈里一次次地转发分享呢？

我承认，我们借助微信、微博平台，做了一些营销推广尝试（也借用了一些明星背书等），但回头来看，正是在创始人的梦想、激情和信念的基础上，创造了感染力。

而这种感染力之所以能够得到快速"传染"，正是来自创始人的"信念的传递"，来自大众的"参与感"，也来自一种"情感信任"。

图5-12　从左及右是"三个爸爸"创始人宋亚南、戴赛鹰、陈海滨

刷爆朋友圈+打透社群

不少朋友问过我一个问题：这次创造 1120 万元纪录的京东众筹，它的引流动力主要来自哪里？

细想下来，应该分为两个阶段：第一个阶段的引流，爆发于朋友圈刷屏；第二个阶段的引流，来自打透社群带来的持续动力。

回看这次众筹，最重要的节点是 9 月 22 日——京东众筹上线的第一天。

我们通过在朋友圈集 100 个赞、300 个赞、1000 个赞的方式，三次在朋友圈刷屏。借助这种方式，众筹开始后半小时冲击 50 万，两小时冲击 100 万，第一天之内冲击到了 200 万。

这个阶段的爆发，与朋友圈传播直接引流有着直接关系。那么此时朋友圈的传播动力来自哪里呢？

一个是粉丝基本盘在众筹开始之后表现给力。这个基本盘当中，所有成员都做到了一点：持续关注"三个爸爸"。这样一来他们与"三个爸爸"建立了亲近关系，也成为"三个爸爸"每个新动作的分享及转发的关键支持者。

在这个群里，我们自始至终没有做过"求购买"式的推销。我们只是希望大家能够多提意见并帮助转发我们的信息，而且，他们的每一个转发都会得到创始团队的亲自回馈（点赞或言谢），这就是后来刷爆"朋友圈"的基本力量。

除了粉丝基本盘的支持之外，"刷朋友圈"的另一股主要力量就是创始人采取"地推"方式，发动身边所有人帮忙"朋友圈转发"。这种"发动"，来自每个创始人的勤奋和重视，也来自他们的情真意切，使得这种发动效率极高。

在第二个阶段中（众筹首日突破 200 万元、创造了众筹"神话"之后），打透社群、扩大传播圈，通过这一股股引流的新生力量，为众筹带来了持续动力。

之后，"三个爸爸"创始团队就开始不停地参加各种社群活动。当然，每次社群推广，都或多或少能产生成交，但这不是关键，关键是他们每到一个社群，都能打动一些人（纵然他没有购买），带动更多人在朋友圈转发。

这又是为什么呢？

因为当一个品牌的创始人受社群"掌门人"之邀，进入社群与群友交流，群主往往会亲自背书，形成推荐；演讲人在社群内敞开式充分交流，有问必答，不藏着掖着，让"三个爸爸"的故事也与他们发生了关系。当然，充分互动，加上社群内黏性的作用，以及社群自身推广的需要，这种推广效果奇佳。

从"三无产品"（无产品、无品牌、无用户）到30天创造千万众筹纪录，"三个爸爸"的成功不是偶然，按照以上六步你也可以复制。

圈层思维下的即刻爆：联想 NEWIFI

关键词：连接思维，圈层引爆，社群传播

2014 年 7 月，联想在京举办发布会，宣布成立互联网创业平台——联想 NBD 事业部（New Business Development，新业务发展部，联想内部称"新板凳"），从此正式开启了联想探索互联网业务模式之路。该事业部秉承着以物联网为方向、智能硬件产品为核心的思想，力图建立起一个更符合互联网特质和需求的业务模式。

而对于成立后的第一个产品——联想 NEWIFI 路由器，NBD 在发布方式上创新地选择了社群发布的形式。对此，很多人感到好奇：一个路由器在仅有几百人的社群里怎么发布呢？事实上，联想路由器的发布并不单纯针对一个群，而是采用 50 个大群同步直播的模式，现场问答的方式使得整个发布过程充满了新鲜感和趣味性，深受群友欢迎，在发布会结束之后，联想还设置了专门的礼品赠送环节。

联想路由器本次营销活动的效果是十分显著的，仅活动前后几天时间里，产品销量差距便高达 10 倍以上。其转化率提升的幅度也达到了 10 倍以上，最高一天达到 60 倍！关键是，在顾客认知和记忆上，完全改变了一个新品的"陌生感"。

GeeKoPo 即刻爆

联想 NBD 是如何完成即刻爆的？下面，我们就复盘一下联想路由器的这次社群营销活动（见图 5-13）。

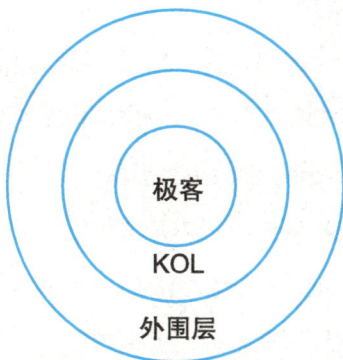

图 5-13　联想 NBD 完成即刻爆的过程

对于联想 NBD 新品发布的营销打法，可以用上面这张图来演示。其关键在于，在社群基础上细分出三个层次：

核心层——该产品的爱好者，或者更进一步：Geek（极客，一群以创新、技术和时尚为生命意义的人）。

影响层——帮助推动、放大影响力的传播者，传播界叫他们 KOL（意见领袖），这里可以称之为具有 KOL 性质的社群。

外围层——最终影响的大范围潜在顾客，其实就是大众。只不过，我们通过 "Geek+KOL" 的各种关系和筛子对其进行了挑选，选出了更为精准对焦本产品的顾客群体。此时，针对他们延展出来的产品信息，通常已经具有一定通用性了。

如果对这个活动的 "战法" 进行系统总结，将这三层递进的市场爆破系统进行概括，可以为其起一个非常形象的名字：GeeKoPo（Geek+KOL=Popular），即 "即刻爆"。

GeeKoPo 对三层的应用各不一样，我们可以把这三个层次总结为：核心层围绕忠诚度，影响层围绕娱乐化，外围层做好基本功。

1. 核心层人群围绕忠诚度

当时的联想 NBD 论坛用户多达五万人，且活跃度非常高。其中不乏一些为智能路由器开发插件功能的技术"大神"——这些 KOL 是粉丝营销的内核。那么，如何才能使这些技术粉丝的忠诚度得到有效提高？

显而易见，面对面的交流沟通是最为有效的拉近关系的方式。基于此，我们举办了一次 40 人左右的见面会，力图将大家从线上带到线下，让大家在现实的世界中面对面交流关于联想这款产品的心得，让各位技术"大神"为大家进行零距离的问题解答。同时，联想的两个 VP（Vice President，泛指所有的高层副级人物）进行全程陪护！主办方的诚意深深打动了现场粉丝，纷纷主动在自己的朋友圈以及论坛上晒出相关活动信息。

2. 通过影响层人群推动娱乐化运动

寻找各个领域有影响力的意见领袖（如技术大牛、企业高管、购物达人等），每天在社群或者朋友圈做活动、送产品。我们只要有新奇有趣的创意，便拿出赠品来做活动，或者直接交给意见领袖，让他们根据自己意愿随意进行安排，但要求是必须在活动页面上附上产品购买链接。

比如：发朋友圈送产品，留言"盖楼"。"盖楼"还有多种玩法：第三、第六、第九个送产品，或者猜"楼上楼下"（评论回复的上一个和下一个）是男是女……

3. 在外围层做基础口碑

外围，是指针对大众粉丝的活动，比如，在社群送产品的时候，会提一个条件：你想获得路由器的理由是什么？有人就说："知道为什么最近抢红包屡屡得手吗？

是因为换了联想的智能路由器。"

通常情况下，希望得到路由器的人，一定会在分享的时候对这个产品的优势进行阐述，在这样的情况下，很容易自动挖掘到该产品的卖点。比如，这款产品有几个特点：可以 App 远程控制开关和信号强弱、可以防蹭网、云服务（把U 盘插到路由上，相当于一个家庭云存储）等，只要稍作引导，这些特点就会被自动传播。

社群就是终端

当然，如果像上述活动中这样送产品，自然逃不掉一个问题，即高额的成本。那么，转化效果又怎么样？答案是：销量上涨了10倍，尤其是来自社群的转化率极高。

从联想的案例中，我们可以看到社群营销的效果是十分显著的，那么，社群营销到底存在什么魔力？

实际上，现在的社群，就是过去的终端。过去，国美、苏宁要做促销，就会通过四处做活动来实现对人气的聚集，而现在，人气在哪儿？在社群！

但是，不知道大家有没有注意，现在微信群的活跃度是在呈下降趋势的，那么为何还能拥有人气？群主又为什么会愿意和联想合作这种有广告性质的活动呢？针对这些，我提出了一个命题：维系社群的是友情还是利益？

社交媒体时代，大家聚到一个群里，初衷是为了获得更多的朋友，但一个非常现实的问题是：如果单纯只是交友和交流，这个群是很难长久的。有人说，一个微信群的生死期限是七个月，如果七个月后不能有新鲜的东西刺激，这个群就会沦落。这就是群主的难题，如果群主想要维系一个群的活跃度，就一定要能不断地策划活动来进行刺激。交情是基础，但利益是纽带。

因此，从这种角度来看，联想 NBD 跟社群的合作是一种双赢。要想取得成功，任何一个社群商业活动都不可以只是简单地发布一些链接和促销信息，而要有足够的卖点、参与性、趣味性。

我们所想到的方法便是邀请联想的高层领导人员来做互动，品牌够大、产品拥有足够的吸引力，而活动方式又相对简单：只要能够说出需要路由的理由，再配合集赞数量即可。因此，自然会有人愿意参加。

送话题，送产品，还能为群主解决如何活跃社群的难题，何乐而不为？但是做社群绝非易事，它对社群发起人的要求很高：

第一，群主必须要有较强的活动策划能力，能够让活动吸引粉丝。很多时候，群主若是鼓励大家发言，就会有人乱发广告，而若是对广告管理得过于严格，大家就会不说话。能够有效引导话题，本身就是一种非常重要的能力。

第二，在社群中要有人支持，至少要有 20 个人愿意相信你、拥护你。

第三，做推广的企业品牌要有足够的影响力。如果把上述案例中的联想换成一家影响力很小的品牌商，相信结果肯定会惨不忍睹。

实际上，联想这种大型企业能够在粉丝营销领域快速突破，本身便是件令人难以想象的事情。在这方面，很多传统企业其实做得很差，所谓的微博、微信营销，其实只是在找一些大号发点文章而已，而社群营销这种琐碎活，就连很多营销服务公司都很难成功，更何况传统企业。因为，在社群营销这个过程中需要和上百个意见领袖进行交流，而通常情况下，每个意见领袖都有自己的思维方式，沟通方式千奇百怪，几乎没有固定模式可以套用。

但是，移动电商的本质就是社交电商，无论是群主还是品牌方，其实都很需要社交营销。从群主的角度来说，如果每周都有这种品牌做活动，其实也是一个不错的选择。试想如果每天群里都只是一本正经的交流，估计会让很多人感到疲劳，用新鲜的玩法调动大家的参与感无疑是一个非常讨巧的方式；而从品牌方的角度来看，联想虽然做社群营销，但是却并没有自己建群，事实上，单个品牌的群是很难存活的，**社群是终端，但是这个终端不适合建"品牌专卖店"**。

另外，在活动过程中，我们在春节期间策划的一个小视频也起到了非常好的引流作用，因为内容好，而且又应景（春节团聚），所以许多大号和网站都免费为我们转载。这个视频内容还是运用了黄金法则中的"情感"法则，通过父母跟在异乡打拼的子女通电话的方式，传达"我们对父母缺乏耐心和关爱"这一主题思想，并将NEWIFI产品的特性巧妙地植入其中，优酷搜索"2015最让游子心塞的一段录音"，即可观看。

私密产品的情感突围：日子卫生巾

关键词：同理心

如何让一片生活必需却又隐藏在"最深处"的卫生巾变得"会说话"？积累了这么多案例之后，才发现这是一个最具挑战性的项目。回望当初做云南白药日子卫生巾的项目时，几大难点至今仍然历历在目：

曾经难登大雅之堂的"大姨妈"，却要招摇过市成为"热门话题"；曾经难以启齿的"卫生巾"，却要堂而皇之地发动粉丝"秀恩爱"，演化成全行业第一次尝试的万人"买家秀"；曾经"高冷"的云南白药，却摇身一变，成为女性的常备药……

总之，我们所面临的任务是：要在一个月的时间里，帮助品牌做出现象级案例，让它拥有"不一样"的气质。

人人都说，卫生巾是个传统行业。

大品牌普遍仰赖"广告＋促销"的手法，多年来能用"巧招突围"的成功者寥寥。曾经屡屡出现主打产品差异化的新品牌，也往往因为缺少有效的推广手段辅助，最终难逃大品牌的广告绞杀。最终全行业似乎依然坚信：广告轰炸是目前新产品快速提高知名度和市场影响力的最佳办法。然而，且不说广告的效果广受争议，单说广告所需要的资金投入，对于新创品牌来说就极不现实。

空喊不落地，概念满天飞，用营销模式吸引资本，大谈理念卖情怀，面对变得将信将疑的用户，商家最后手法大都雷同——玩价格。总之，很少会有卫生巾品牌从用户角度去思考问题，而这正是我从中看到的机会。我的理由很简单：消费者面对卫生用品越来越理性：无了解，不试用；无信任，不尝试。这是一个女人私密、男士要回避的产品，轻易不敢公示，更很少公开谈论，因此其线下口碑传播低频低效（一对一以及小圈层的密友推荐比重最大），而线上口碑传播的玩法，对于商家来说大多很陌生，普遍不会玩！

如今是个连爱情都"来得快也去得快"的年代。年轻女性（"85后""90后"的女性消费者），有尝试更好产品的意愿，对她们来说，有新意才有兴趣，有好感才有冲动，见诚意才会有忠诚。然而，目前却没有一个品牌通过用户思维来建立品牌忠诚度。

还好，今天是一个连美女也需要"经营爱情"的年代。作为女性护理领域的高端产品，云南白药对产品"日子"足够自信，在云贵川等西南市场也有着极佳的口碑和用户基础，但其最大的困惑是：卫生巾在大众看来是羞于启齿的，如何才能借助线上形成新品的快速导入，迎合一线城市网络消费用户呢？

那么，这盘棋，我们不妨从线上口碑传播下起吧。

打破"私密"

2015年10月底，微博上有个主张"支持女性大姨妈放假"的话题火了。各路女性纷纷参与话题表示"支持"和"赞同"，致使该话题很快冲上微博的热门话题榜第四位。

细心的人从话题页面中的置顶微博会发现，这个话题的火爆源于一个"我支持女性在大姨妈期间放假一天"的微信H5微场景作品。这个H5作品选取了一位白领女性来"大姨妈"时所经历的五个最能引人共鸣的瞬间。例如女性来"大姨妈"时并不想起床，却又不得不起来上班；开着会突然"来事儿"；终于要下班了，上司却突然交代一堆工作……最后，提出多数女性的心声——我要放假。

这样一系列让所有女性产生共鸣的场景设置，再加上"支持女性大姨妈期间放假一天"这样自带"病毒式"传播属性的标题，这个H5作品于2015年10月26日发布后，快速突破了100000次的浏览量。

当一个话题变成了社会性话题的时候，也就挣脱了"私密"的局限。于是，议论一下也无妨吧……

产品体验放大圈层

"支持姨妈假"话题的制造还只是前期预热。"日子给不了你大姨妈假，但日子可以给你干净舒爽的卫生巾……"这场营销活动的下一步，我们指向了一个"三人成团，一万份日子卫生巾免费送"的微信轻游戏。

一万份云南白药日子卫生巾免费送，这是云南白药15年来基于新品上市最大的一次产品体验活动。这只是一次简单的免费试用装发放吗？不是。我们在设计免费领取机制时，把它设计成了一个可以在闺蜜间、同学间、同事间、圈子间拉团领取（三人成团：获得两人支持，方为有效）的形式，既保证了私密性，又尽可能放大了传播范围。而结果也是可想而知的：4个小时内，一万份云南白药日子卫生巾被一抢而空。

在此要提的是，不像其他具有社交属性的消费品，卫生巾产品只有女性关心；而且，即便是女性，她也不太可能因为小赠品而公然分享、敞开讨论。针对这个全案"传出去"中的最大难题，"三人成团"体验产品这个环节只是小试牛刀，更有效的动作在下面的环节。

"先粉后销"：话题在外，互动在内

当时有不少人反映，朋友圈被"大姨妈"刷屏。究竟是什么原因使朋友圈里一夜之间都开始大肆讨论"大姨妈"了呢？这次"三人成团"活动的成功，除了云南白药的品牌保证和良好的用户口碑之外，社群投放和核心粉丝团"日子闺蜜帮"功不可没。

日子闺蜜帮，是日子卫生巾利用创作"大姨妈语录"这个有趣的参与方式，在全网征集到的新品首批体验用户（100名核心粉丝），并且给出了承包全年"姨妈巾"的福利的基础上组建的社群。

在这个核心粉丝群里，持续着一群人的情感碰撞，从中我们发现了她们背后的痛点：对于"大姨妈"，她们最想说的是什么——是经期感受；最渴望被认同的是什么——是烦躁、沮丧、痛苦等心情；最想被满足的又是什么——是期望安全感、摆脱尴尬……这些情感话题为我们提供了引爆点。

如果从功能层面传播，"大姨妈"确实难登大雅之堂，需要半遮半掩。但是从"情感"出发，从创意入手，走到产品之外，事情也就简单多了。因此"日子"选择了这样一种新的方式：让用户尽情去"吐槽"、去倾诉"大姨妈"，利用用户自发的创意和视角，去对"大姨妈"进行再创造。当一个用户用有趣的方式在朋友圈发声，戳中的可能是闺蜜们的笑点、泪点或者痒点、痛点，不但很容易在闺蜜圈子产生共鸣，也更利于勾起女伴们参与的兴趣。

过程中，我们设计了"花式秀日子"等多个"创意话题"和"花式活动"，充分调动了粉丝的创造力，同时引发大规模"爆照"。比如：有人作诗、有人恶搞电影海报、有人真人出镜编排情景剧，有人为日子卫生巾创作插画，还有粉丝将日子卫生巾与婴儿纸尿裤横向评比……日子卫生巾的优秀体验，结合"大姨妈语录"等创意内容，在朋友圈一发，瞬间引来了大量回复并最终引爆。

试想一下，这时候如果一个品牌只是依靠一招"免费送"，就想让大家分享"十大技术突破、六大价值创新"，究竟会有多少人愿意参与呢？

创意为先：用户参与，"口碑"才有翅膀

营销中有了故事，才值得长久回味；有了分享，才能流传为佳话。有了互动、

参与，被动接受才能变为主动口碑。在互联网时代，已不再是纯粹创意内容自娱自乐了，而是创意玩法（活动）、创意话题。

"你下次的创意会是什么？"当一个企业的多数营销人员或粉丝，都在关注甚至期待这个问题的时候，你的上一个创意才算奏效了。通过个性化的创意表达，可以让企业和用户之间，以及用户与用户之间互动；通过品牌推广的情感化，可以让产品的人格化变得更加突出。

那么，让我们一起感受一下，我们在做日子卫生巾项目时的一些创意案例：

1.脑洞文案

说起中秋大家都会想到月亮，那么月亮跟"大姨妈"到底有什么关系呢？我们看到网上有这样一种说法：只要把月亮炸掉，女人就不用再受"姨妈"苦了……这个说法是否正确？且看我们设计的各种脑洞文案（见图5-14）。

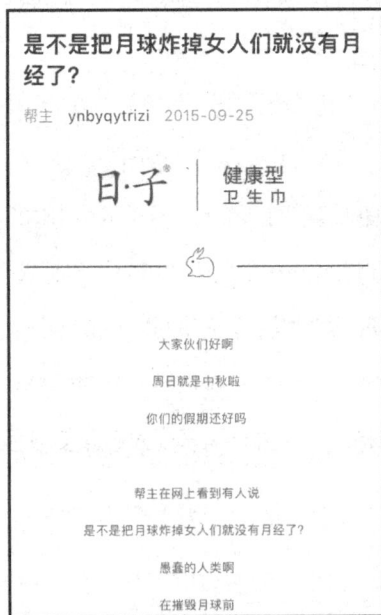

是不是把月球炸掉女人们就没有月经了？

帮主 ynbyqytrizi 2015-09-25

日·子 | 健康型 卫生巾

大家伙们好啊

周日就是中秋啦

你们的假期还好吗

帮主在网上看到有人说

是不是把月球炸掉女人们就没有月经了？

愚蠢的人类啊

在摧毁月球前

图5-14 月亮跟大姨妈关系的各种脑洞文案

2. "不明觉厉"

英国伦敦帝国学院的专家发现：人类是哺乳动物中唯一有生理期的，其他灵长类动物都没有。因此，专家预测：随着人类进化，未来的女性的生理期也会消失。各路妹子针对这个发现众说纷纭，然而不管未来"大姨妈"会不会消失，咱们是赶不上了，还是备好"日子"继续奋战吧（见图5-15）。

图5-15 大姨妈消失论

在我们的有序引导下，粉丝们的热情也被调动起来，纷纷加入对"大姨妈"的讨论之中（见图5-16、图5-17）。

图 5-16　粉丝对大姨妈的讨论 1

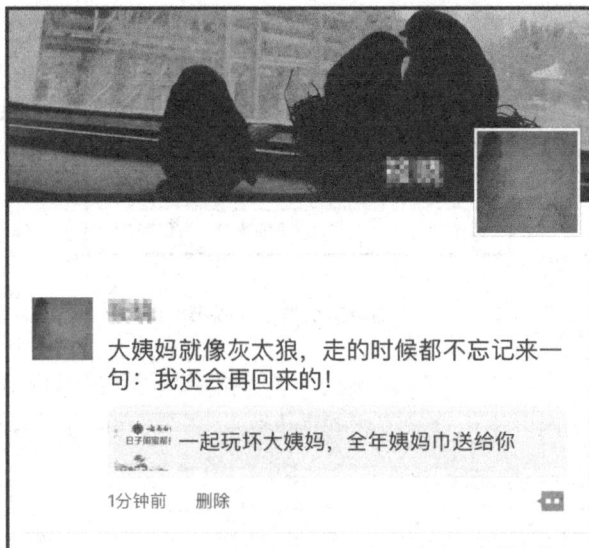

图 5-17 粉丝对大姨妈的讨论 2

　　我坚信，相较于传统营销，互联网营销事关成败的考量标准是：口碑、高效。口碑来自精准互动，高效来自高频创意、高频参与。这时候，我们需要创意"秘籍"，更需要创意密集。在对项目进行总结的过程中，我们发现，在其他卫生巾产品商家与用户少量的沟通中，大多是从功能层面出发，极少与用户开展情感沟通。而"日子"全程话题的产生，均来自团队对前期方向的策划以及粉丝群内的持续互动，才得以引来更大共鸣。

　　再来设想一下：如果没有粉丝基本盘的全程参与，这次活动的基础人群会是谁？活动还是否存在推动的动力？我相信，口碑将很难产生，传播也无法发动。这场发生在"双 11"之前的大戏，就不可能帮助"日子"在"双 11"期间的日订单量增长 32 倍，日销售额增长 20 倍；更不会同时实现新品推广、品牌沟通两大目的。

　　线上在前，线下在后，这只是"日子"互联网口碑营销的开始。

"饺子侠"引爆区域品牌：船歌鱼水饺

关键词：区域品牌开辟新市场

船歌鱼水饺诞生于2009年7月13日，是青岛的一个专注于海鲜水饺的区域品牌，也是中国第一个水饺单品类细分的品牌。这个品牌在青岛当地已经很有名气，属于去青岛旅游必吃的地方美食。

极尽严苛的工匠精神

船歌鱼水饺会有如此之高的口碑，主要还是来源于其对产品品质近乎"偏执"的追求。

在饺子的"灵魂"——馅料的制作方面，船歌鱼水饺首先做到了最严格的把关：餐厅用于做馅的墨鱼、鲅鱼、黄花鱼、蛎虾等海鲜全部来自野生水域，其中，墨鱼的重量必须在1.5千克以内，鱼身的纹理必须保持清晰和自然。而到了制作饺子馅的阶段，船歌鱼水饺的工作人员也只会选取整只墨鱼三分之一的部分，剩余三分之二则全部舍弃。而对于黄花鱼水饺来说，餐厅的工作人员则只会选取长度在16厘米左右的小黄花鱼做馅，目的是为了保持馅料的鲜嫩。

为了确保饺子皮的口感能保持筋道，船歌鱼水饺还对面粉提出了统一的要求——只选择产自位于北纬37°的河套地区的面粉。在包饺子时，他们要求相关工作人员保证1：2的"面馅比"；在调制馅料时，他们要求鱼馅和鱼粒之间的比例要维持在 7 ∶ 3。这两个比例正是船歌鱼水饺管理层眼中肉馅最饱满、口感最佳的产品比例。除了对食材本身品质的严格把关，船歌鱼水饺还对煮饺子的器械、锅内的水温、菜品的摆盘等环节做出了明确的要求。

除了对堂食经营中各个环节的严格把关，船歌鱼水饺在线上的运营工作中同样做出了严格而又专业的把控。针对鲜冻产品的外卖工作，工作人员做了专门的技术设计：为了防止饺子粘在一起，他们采用了可以将饺子一格一格相互隔开的饺子盒。为了确保食品在送达过程中的品质，他们对外卖产品的包装更是投入了不少成本：内部放置冰袋，中间用泡沫塑料隔绝温度，外部使用独具船歌鱼特色的包装盒子。这种全方位的包装形式，无论是在保鲜功能方面，还是在设计美感方面，都是无可挑剔的。

在人送外号"饺子哥"的船歌鱼水饺创始人兼首席执行官——陆广亮的带领下，船歌鱼水饺团队做出了巨大的努力，在一次又一次的产品测试当中，在否定了自己以前的多个方案之后，最终使自己的产品达到了一个在口感、造型等方面相对最佳的状态。可以说，通过对极致思维的实践，他们已经近乎完美地实现了自己"鲜从海上来"的经营理念。

经过验证的好产品是成功的前提和基本条件，船歌鱼水饺从区域品牌到全国品牌的跨越只差一次引爆。

区域品牌"走出去"的苦恼

2015 年中，船歌找到我们，他们的诉求非常清晰，就是让品牌走出青岛，先在北京开店，然后引爆全国。区域品牌走出去往往面临很多难题，比如：在当地的知名度没法延续，消费者缺少品牌认知；在渠道谈判方面，由于品牌在外地缺少认知基础，很难进入主流渠道，抑或成本较高；原先驾轻就熟的启动方式和资源，在外地可能面临完全失效的境地。

2014 年，船歌以"跟着节气过日子"为主体概念，首先创新尝试鲜冻水饺 O2O 模式，成功开启"互联网＋美食"的探索之路，先后在天猫、京东、一号店以及微商城四大电商平台，开设了自己的线上直营店。

对于速冻水饺，尤其是对保鲜有特殊要求的海鲜水饺来说，从线下走到线上，最大的问题就是物流。为了解决这一问题，船歌可谓下足了功夫，线上运输全部采用顺丰空运，全国主要城市 24 小时送达；为了避免相互之间的碰撞，船歌还专门设计了一款分隔式的包装。

从线下走到线上，确实为船歌打开了新的局面，品牌影响力也从局域市场到达广域市场，但试行了一段时间之后，感觉还是缺少一些东西。从根本上来讲，从线下走到线上仅仅是渠道的拓展，而品牌对于粉丝的抓取能力以及品牌与消费者的亲近感都没有大的改变。

其实，船歌的用户基础很好，网上有很多的自发传播，比如在大众点评上有上千条的好评（见图 5-18），但这些评论背后的人到底是谁，长什么样，如何进一步联系等都无从得知，品牌就更无法与这些人建立进一步的强关系。

图 5-18 船歌鱼水饺大众点评截图

三步引爆全国

在本书的前文中我已经强调过，和传统营销相比，粉丝营销最大的区别就是从流量思维走向了用户思维。前者仅仅是停留在交易的层面，而后者是致力于建立永续的关系。一个品牌要想获得持续的成功，就必须走近用户，获得他们的支持。

1. 第一步：打造粉丝基本盘

粉丝营销，从根本上来讲追求的就是口碑传播，发动粉丝的力量去影响身边的人，然后吸引更多人成为粉丝。如此循环往复，品牌口碑从一个圈层渗透到另一个圈层，最终实现引爆。粉丝营销采取的是一种社交思维，是由点到面，而大众传播采取的是广告思维，没有点的积累，直接在面上进行轰炸。这是两者的不同，由此带来的结果差别也很大。

由点及面，关键是找到关键点，也就是关键人，他们是生活中的意见领袖，同时还必须是品牌的潜在用户。对于船歌来说，我们定位的核心人群是生活在北京的青岛人，他们对家乡的美食有天然的亲近感，如果觉得好会发自内心去宣传。当然，前提条件是这些人必须有自己的圈子，并且在圈子当中有相当的影响力和话语权。

粉丝招募一定要师出有名，我们给船歌的粉丝基本盘取了一个名字——饺子帮，基本盘的粉丝称为饺子侠，并且还为他们设计了专属的身份象征物——饺子令。饺子令不仅是一种身份象征，而且有实际的好处，凭借饺子令可以享受终身88折优惠，而且还享有社群秘书提前订位的服务（见图5-19）。

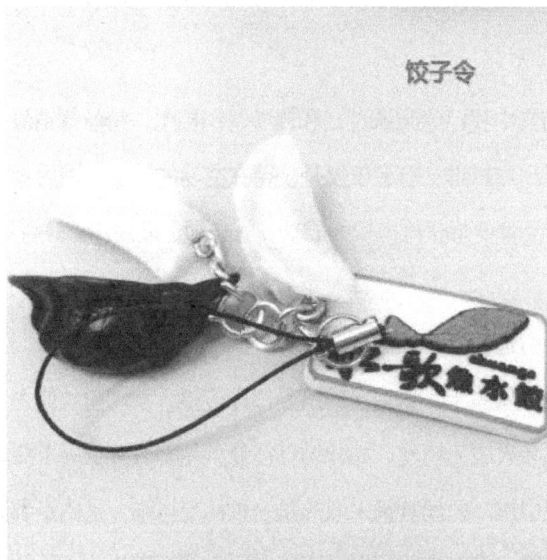

图5-19　饺子令

粉丝招募期间，我们启用了两个微信大号，传播量达200万次以上，阅读总量达10万次以上，活动参与人数超过1600，最终我们从中筛选出了300名符合要求的饺子侠。

这些人是如何筛选出来的呢？我们策划了一个招募活动：写出你对于饺子的执念，并转发招募帖截图给我们，被选中进入饺子帮的将会获得船歌寄出的水饺体验装四盒，当然还会享有饺子侠的很多其他福利。这一活动得到了网友们的积极响应，可以帮助我们从中考察参与者的创意能力（这是意见领袖的必备素质），也带动了品牌的UGC传播。

基本盘的牢固程度直接关系到后面活动的开展，所以一定要找准。

2. 第二步：有序引导

粉丝基本盘是引爆口碑的起点，找对人很关键，但用好他们更重要。粉丝是需要经营和管理的，如果不加以引导就达不到理想的效果，甚至适得其反。当然，任何口碑传播的基础首先是试用,只有真正体验了产品的好,大家才会发自内心地推荐,单纯靠小恩小惠引发的传播永远持续不了。

我们先是给300位饺子侠寄出四盒体验装,船歌精致的包装、多种颜色的饺子(黄、黑、白)以及饺子令,这些都引发了饺子侠的自发晒图。

接下来,我们陆续策划了几次活动,比如"北京首店开业试吃团选拔",从300人里选40人,不仅可以免费吃,还可以参与包饺子等体验活动。参与规则就是:把我们提前做好的"四大当家"饺子图发到朋友圈,并写下一段"TO 饺艳无比的你",截图回群。结果又引发了一轮朋友圈UGC传播。试吃活动结束后,很多人也纷纷主动晒图。

如何才能调动粉丝参与的积极性? 这是引导口碑传播很重要的一个问题,我们的"法宝"只有两个:情感打动,利益诱导。

我们在冬至的时候做了一个创意H5作品(见图5–20),上面显示有三个未接来电,一个是妈妈的,一个是嫂子的,还有一个是闺蜜的,用手划开之后会分别听到我们提前录好的来自妈妈、嫂子、闺蜜的三段话,结果感动了无数人。这个H5作品给我们带来了6万多次的点击,3000多份的销量。

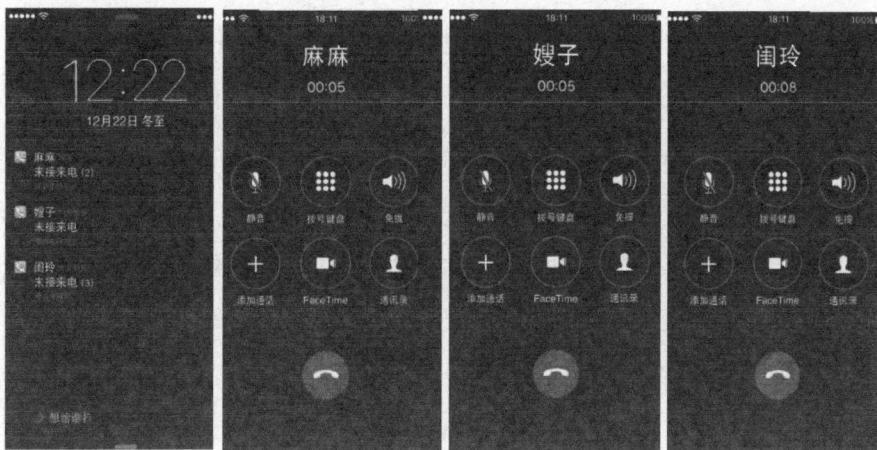

图5–20 冬至H5活动页面设置

情感打动，利益诱导，这两点看上去没什么难的，但难在实际操作，毕竟多数人不能很好地摆正情感与利益的天平。在我们看来，经营粉丝情感，沟通一定是第一位的，利益诱导仅仅是辅助手段，有些人恰恰是把这两者之间的关系给弄颠倒了。

我们在社群中跟粉丝的交流、策划的活动都是从情感层面切入，循序渐进，时机成熟后再植入产品信息。如果一上来就说产品，很容易造成粉丝心理上的抵触。

"跳出产品层面，从情感切入"，这就是我们总结出的经营粉丝的黄金法则之一。

3. 第三步：落地体验

船歌与我们之前操盘的其他品牌的不同点，就在于它是线上与线下结合的。线上销售的是速冻包装水饺，而它的主业却是线下的餐饮店，而且本次粉丝营销也是围绕北京开店服务的。因此，不仅要打造线上的口碑，更要为线下引流。

我们首先通过官微和大号发布船歌要来北京开店的消息，比如在"什么值得吃"公众号上发布了一篇文章《有它的地方，才叫家》，带来了10000次以上的阅读量；然后在开业当天策划了一场"王牌试吃团"试吃活动，在饺子帮社群引发了广泛的关注，进一步增进了核心粉丝与品牌的感情，使其从弱关系走向强关系；最后，我们还策划了一场"寻'鲜'之旅"活动。

通过这些落地活动，我们也刷新了对粉丝营销的认识：粉丝不仅仅是一个个数字化的存在，也需要落地。线下的活动可以大大增强粉丝与品牌的关系，对于提升社群的活跃度也大有帮助。

2015年12月12日，船歌在北京的第一家店顺利开业，当天的场面异常火爆，很多慕名而来的消费者从早上10：30开始排队到晚上10点。最为夸张的是，冬至那天有个消费者排到100多号，因为等不及了，居然花了100多元钱和一位老太太换了号。随着第一家北京分店的开业，船歌顺利引爆北京市场，接着又连续开了第二、第三家，目前船歌在北京已经开了 20 家店，基本开到哪生意火爆到哪，排队的场面一直持续到现在。

第 **6** 章

深度粉销:

打造信任链的新逻辑

SUMMARY

　　无论是 AKB48、Supreme、苹果、小米，或者我们自己操盘的案例，我们一一列举出来，就是为了让你认清一个简单而又严峻的事实——时代变了，互联网的快速发展，将一种全新的社会生态环境带入到大众眼前，我们已不可挽回地进入一个传播失控的时代，而这个时代的当务之急就是重塑品牌与消费者的信任链。

传统深度分销体系走向末路

深度分销是传统营销体系的基石，在中心化媒体时代曾经战无不胜，无数中国本土品牌依靠这套方法做大做强，甚至在与外来强势品牌的对抗中占得先机。但随着社交媒体的崛起，营销环境发生了巨大的变化，传统以渠道终端掌控为主的深度分销体系逐渐走向末路。

营销环境的变化主要体现在以下几个方面：

1. 供求力量开始逆转

互联网、移动互联网时代的到来，是一次表面悄无声息、实质轰轰烈烈的革命。我们前面已经谈到，社会化媒体和传统媒体最大的区别便是打破了传统信息不对称的局面，网络的聚合作用使得众多消费者得以瞬间聚散，使消费者和厂商双方的力量发生了逆转。罗永浩砸西门子冰箱的事件就是供求力量发生逆转的写照。

2. 唤醒替代了灌输

过去，在央视做广告是新品打造非常行之有效的传播方式。这一阶段的消费者行为更多是依靠广告等外力的影响而非自我意识。"高举高打 + 地面推进"成为当时行之有效的传播方式。

而社交媒体时代，这种"高举高打"的方式彻底失效了，因为信息不对称被打破，受众不再信任媒体灌输给自己的内容，而是更加看重圈子里的意见。品牌打造必须深刻了解目标群体的喜好和需求，用他们喜爱的方式去唤醒对产品的购买欲望，而不是再单纯地在广告创意上发力，强力灌输给用户。

3. 品牌打造的路径发生了变化

先有品牌知名度、后有品牌美誉度似乎成为品牌之间约定俗成的打造方式。但在移动互联网时代，品牌打造的路径发生了变化，成了先有美誉度后有知名度。具体而言，品牌通常先在一个小众群体中实现美誉度、情感共鸣和高度认同，然后通过这一人群在社交化媒体的分享和传播，从核心层逐渐影响到外围层，从而使影响的人群不断增长，最终形成大众品牌知名度。

4. 传统的传播方式开始失效

在传统的传播方式中，企业只要有广告投放，加上终端操作，再给经销商合理的利润空间和利益捆绑，就很容易实现品牌溢价。但如今，很多企业发现，在电视上做广告并没有以前那样奏效了。传统传播效果的边际效应不断走低，随着媒体的不断碎片化，企业传播更加无所适从。这是因为，当传播方式碎片化的时候，其传播效果也碎片化了。

5. 品牌资产被重新定义

品牌资产，就是指包括品牌忠诚度、认知度、知名度、品牌联想以及其他专有资产在内的，一系列和品牌、品牌名称以及标志相联系，能够使企业的产品和服务价值有所增减的资产与负债。然而，在移动互联网时代，品牌资产被重新定义。

事实上，所谓品牌资产，就是所有用户认知的总和。在移动互联网的大环境之下，用户也许并不关心你是否是大企业或者大公司，而是更加在意品牌的实质内容，如果你的品牌不能给他们带来良好的体验，实现精神契合和情感共鸣，即使你是大公司、大品牌，在用户眼中也仅仅是一个LOGO（商标）而已。

另外还有很重要的一点变化，过去我们谈品牌资产总是站在品牌角度来说，最核心的便是品牌知名度。而在社交媒体时代，品牌资产的定义和多寡将由用户来决定，未来品牌的核心资产也不再是知名度，而是拥有多少粉丝。

以上变化的原因可以归结为一点，即消费者权利的反转。从被动接受变为主动寻找和选择，消费者有了更多的话语权和甄别能力，这带来的最直接后果就是以传统深度分销为基础的营销体系的失灵。

众所周知，传统营销有两条"腿"，一条是电视等中心化媒体的空中轰炸，另一条就是深度分销，即通过人海战术，最大化地无缝覆盖尽可能多的终端，实现"三到"：看得到（生动化陈列）、听得到（终端推荐）、买得到（铺货率）。

这两条"腿"曾经是传统企业连接顾客和获取流量的主要入口，但随着互联网及社会化媒体的发展，这种"陆空协作"的模式正在失去原有的效用。正如以上所说，信息不对称的局面被打破了，消费者的话语权提高了，并且变得越来越理性，灌输式的广告教育已经不灵了。而且最主要的是，消费者的注意力有很大一部分转移到了线上，其购买路径也发生了同样的转移。线上下单越来越便利，这导致的直接后果就是，线下终端的影响力和动销力急速坠落。

在渠道、终端为王的时代，深度分销曾经成就了大批企业，比如饮料巨头娃哈哈，就是靠着铁板一块的联销体和无孔不入的业务代理队伍，在饮料市场所向无敌。但近些年业绩的下滑，恰恰证明这套人海战术的失效。这种前后转变，在虎邦辣酱这一品牌身上体现得最为明显（见图6-1）。

图 6-1　虎邦辣酱

　　虎邦辣酱是一个聚焦于外卖场景的辣椒酱品牌，虽然才成立短短两三年时间，在营销战略上却已经历了多次变革。

　　虎邦辣酱的创始团队来自青岛啤酒，对于传统营销方法和体系非常熟悉。因此，他们一开始是从传统营销起步的，走得就是深度分销的路线，利用原来的一些渠道关系，把货铺到了沃尔玛、家乐福、佳世客等商超，结果一段时间之后，他们发现不但不动销，反而成本增加了不少。因为，互联网时代，消费者的注意力和购买渠道被高度打散了，如果没有权威媒体的拉动，就很难吸引消费者的关注。

　　后来经过研究，他们发现了外卖渠道。经过半年时间，通过局部市场的尝试，他们判断这个渠道非常适合：第一，场景匹配，辣酱与简单用餐场景契合，接受度高；第二，人群匹配，年轻人集中，愿意尝试新产品，对产品品质要求高，价格敏感度低；第三，渠道特征匹配，封闭渠道，成本低，风险小，适合创业公司起步。于是，2016年年初，公司正式决定将外卖渠道作为公司的生存战略，全力以赴开战外卖战场。

　　该战略的效果也是非常明显的，转战外卖渠道之后，虎邦辣酱销量大涨，品牌知名度也打开了，而且通过社交媒体的传播积累了一批粉丝。用他们的话说，品牌成功的经验主要就是两条——生态思维和流量思维，即联合外卖商家，围绕外卖场景深度挖掘，从原先单一的经营产品到经营特定人群。

而这正是深度粉销的特征。

社会化媒体的崛起是深度粉销可行的基础，用户不再仅仅是购买品牌产品的人，也可以是在社会化媒体上谈论你、分享你的账号。因为社会化媒体的普及，一个坏口碑比以往任何时候都更容易爆发，一个好口碑也比以往更容易成为品牌引爆的导火索。

从消费者到粉丝

在工业时代，人们将标准化制造和渠道奉为圭臬；而在互联网时代，越来越多的企业开始打造自己的忠诚粉丝群体。**从消费者到粉丝，是对新营销环境的适应，也是回归商业本质，从"产品为王""渠道为王"到"以人为本"的经营理念的升级。**图6-2所示为互联网时代用户、消费者、粉丝之间的关系。

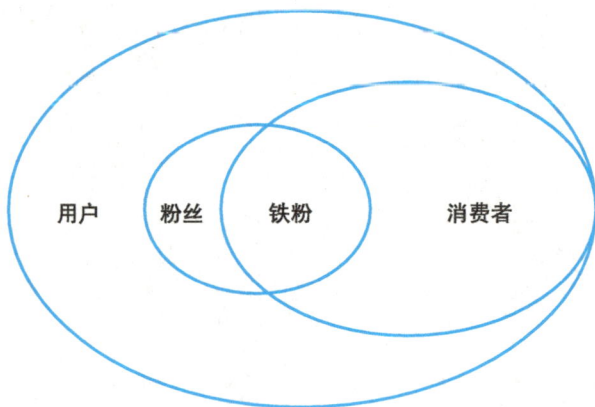

图6-2 互联网时代，用户、消费者、粉丝之间的关系

消费者 vs 用户

在传统商业模式下，消费者既是购买者又是使用者，客户（消费者）与用户是统一于一体的，但在互联网时代，这两者却发生了分离。

消费者一定是用户，但用户不一定是消费者。所谓消费者是买单人，但未必是使用人；消费者体验的是购买全过程，而用户体验的可能是使用感受，也可能是"购买＋使用"全过程。

举个例子，我们当中的绝大部分人都是微信的使用者，但是我们却并没有因此而付出任何成本。真正为之付费的，是那些广告主。

再比如，过去在地产行业做营销非常重要的是圈层，即一定要围绕有买房经济实力的人做服务、展示产品，以最终促成成交。然而，在消费主权被充分打开、口碑至上的今天，这种做法的转化效果就非常困难，可能需要更多的人知道你，谈论你，转发你，评论你。

所以，今天的用户并不单纯局限于消费者，用户可以是社交媒体上的一个活跃账户，无论是否购买过、体验过，都可以评论、转发、赞某个产品或品牌。

在这一点上，360公司是最早意识到其重要性并付诸实际行动的。360最早是通过"免费"策略来吸引用户的，这就很明白地显示出，它是把用户与消费者区别看待的，用户贡献注意力和口碑，而消费者（广告主、其他生态衍生企业）贡献购买力。

造成这种变化的根本原因在于，互联网时代的商业逻辑发生了很大变化，零售三要素"货—场—人"颠倒为"人—场—货"，用户的话语权和地位越来越高，品牌对用户的诉求除了交易还有非常重要的一点，就是口碑传播，而随着社交媒体的发展，这种口碑价值还在继续放大。

从关注消费者到关注用户、粉丝，其本质是营销思维从交易导向往传播导向的转变，唐·舒尔茨早就说过，"所有接触点都是传播点"，而这句话直到今天才真正变为现实。

用户 vs 粉丝

"粉丝"一词来自英文 Fans 的音译。在中文里，可以理解为 ×× 迷、拥趸者等。粉丝对自己喜爱的偶像、品牌，会毫不吝惜地为之买单，很多时候在外人看来甚至是一种"非理性"的行为，这也是为什么在很多时候人们称其为"脑残粉"的缘由。比如在日本，AKB48 的粉丝愿意等上数小时，就是为了和自己心中的偶像握一次手，而且为此激动不已。

品牌粉丝简单来说就是被品牌文化价值观吸引、与品牌发生强关系的一群人，他们消费的不仅是产品，还有产品背后所代表的文化和社会符号。粉丝是由用户转化而来的，其区别就在于与品牌关系的强弱，而这一点在发生品牌公关危机时，表现得最为明显，用户可能离品牌而去，粉丝则会坚定地支持品牌到底。

粉丝是品牌最牢固的护城河，这一点在咖啡连锁品牌星巴克身上体现得就很明显。

2013 年 10 月，许多权威媒体接连指责星巴克在中国谋取暴利，产品卖得比国外高很多，宰割中国消费者。

在民众情绪的裹挟下，星巴克在社交媒体很快沦陷。很多人都以为星巴克要倒霉了，可随后这一事件竟奇迹般地发生了 180 度大逆转，星巴克的声援帖如潮水般汹涌而至：

"我觉得吧，只要星巴克不逼着我每晚七点喝一杯他们家咖啡，他爱卖多贵都行，嫌贵不喝就是了。"

"很正常，说明星巴克在中国的营销很成功，这个案例和哈根达斯有些类似。话说中国的肉夹馍也打入美国市场了，卖得比国内贵多了，这就是本事。"

除了"蓝 V""黄 V"们的力挺，还有才华横溢的网友们创作的段子。

至此，舆论导向彻底反转。

而处于舆论中心的当事人——星巴克，除了通过某报回应称"媒体误读财报"外，并未有其他动作，因为它实在不需要再做什么，该说的公众都已替它说了。

更让人意想不到的是，被点名批评的第二天，星巴克股价逆势上涨 0.19% 至 79.46 美元，创下历史新高。

而这只是星巴克粉丝成功捍卫品牌的其中一例，在粉丝的支持和帮助下，星巴克多次化险为夷，比如后来的"致癌风波""某品牌碰瓷营销"等。

从"厂商思维"到"用户思维"

深度分销的典型特征是厂商思维，一切围着产品转，先有"货"（产品），再有"场"（渠道），最后才是"人"（消费者）。深度粉销遵循的则是用户思维，底层逻辑从"货、场、人"变成了"人、货、场"，用户成为第一要素。

从深度分销到深度粉销，最大的转变就是企业经营的重心和主体从"产品"变成了"人"。所以，要深刻理解和运用深度粉销，就必须洞悉其背后的"人学"。

个体权利的崛起

社会学中一个很重要的概念就是"权力"。法国著名哲学家、社会思想家和"思想系统的历史学家"米歇尔·福柯（Michel Foucault）认为，"权力是各种力量关系的集合"，任何社会和组织的形成和运行都离不开权力。

粉丝和粉丝经济的兴起从本质上来看，其实是一场权力格局的变革，是来自底层个体权力的崛起。形成权力的要素主要有两个方面：一是垄断了他人需要的资源，比如某些机构通过对稀缺资源的垄断来达到支配市场的目的；二是掌握了他人需要的信息，比如专家、知识分子通过垄断知识和信息而成为"权威"。

在商业社会中，形成权力的第一个基础已经逐步消解（当然某些国家战略性行业排除在外）；互联网和移动互联网的发展则瓦解了权力的第二个基础——信息，互联网大大提升了信息的传输效率，降低了信息获取的成本。通过一部电脑、一部手机就可以足不出户而知天下事，而且信息传输速度快得惊人，刚刚发生的事件一经发布就可以到达世界上任何一个有互联网的角落，人类进入了"瞬连"的时代。

信息传输革命给商业社会带来的最大影响，就是打破了买卖双方的信息不对称。过去，厂商靠着对信息的封闭来操控消费者的购买行为，由于缺乏其他的信息来源，消费者根本无法辨明广告信息的真假，只能被动接受。

最著名的例子就是权威媒体上的标王现象，一些原本寂寂无闻的地方小厂在夺得标王之后，立刻闻名全国，销量也随之狂飙突进。这并不是因为他们的产品质量多么出色，而是因为其占领了信息的传播高地——权威的信息发布平台。

而互联网时代的到来，则极大地减少了这种现象的出现，互联网的聚合效应有效地将消费者们"串联"在一起。此时，广告信息的真实性就很容易得到验证。如今，消费者在进行产品选择时，看的更多的不是广告和品牌，而是其他消费者的评价。**当消费者的评价可以左右一个品牌的销量甚至生死的时候，就标志着长期以来买卖之间的权利格局发生了反转，一个新的时代到来了。**

粉丝和粉丝经济就是顺应这个时代诞生的。粉丝经济的核心是"口碑为王"，一切商业行为都是围绕打造好口碑展开，品牌与消费者之间不仅仅是买卖关系，还要建立更深层的社交关系。传统商业是以消费者为中心，粉丝经济则是以人为中心，以消费者为中心的思维是怎么从消费者身上赚取利益，而以人为中心的思维是如何让消费者拥有更多的幸福感以及更好的消费体验。当消费体验提升了，消费者自然会心甘情愿为你的产品买单。在这种权力反转中，卖方开始转变过去强势、蛮横的姿态，真正去挖掘、了解消费者的需求，并通过产品和服务的升级创新不断去满足。

诺基亚和小米的对比正说明了这前后两种权力格局的转变：一个只迷信自己的

技术最终宣告失败，一个注重与粉丝的沟通和关系维护迅速崛起。

部落化生存

部落，最初是指原始社会民众由若干血缘相近的宗族、氏族结合而成的集体。部落成员之间有着相同的地域、方言和习俗，有以氏族酋长和首领组成的部落议事会，部分部落还设最高首领。

后来，部落被更大的群体组织——国家所代替，工业社会以后又出现了新的组织形式——公司。无论国家还是公司，都是有明确的目的指向性和严格层级的组织，而部落则是基于一定的共性和目标而形成的自发组织，这是它们之间最大的不同之处。

所谓"部落化"，是指分散的个体由于要建立一种协作关系网络，从而形成相对稳定的小联盟，互相帮助，彼此协作。

粉丝经济不是资源的占有，而是人的聚合，这种聚合是基于共同的兴趣和价值观的自发聚合，也是部落化的过程。在互联网的帮助下，大量来自天南地北志同道合的人走到一起重新形成"部落"，例如微信群、QQ群、论坛、社区、贴吧等就是虚拟空间里形成的部落，部落成员之间的互动创造出了属于他们的生活方式和文化，而粉丝经济的使命就是通过嫁接和引导这种生活方式和文化，形成商业变现。

传统商业的目标是个人，交易的完成即是关系的终结。而粉丝经济的目标则是部落，交易只是建立关系的开始，让品牌融入部落的文化和生活方式才是最终目的。

粉丝营销就是要找到这样一群志同道合的人，他们基于对同一品牌价值观的认同而聚合到一起，相互交流使用感受和体验，再由产品上升到更高层次的话题，从而结成一个紧密无间的部落。潜移默化之中，品牌就成为他们生活的一部分。

从社会学的角度来讲，人是群居动物，物以类聚人以群分，营销一定要有部落思维，而不应将单个人孤立看待。

经济交换到社会交换

消费行为本身有两种属性：一种是经济属性，交换的是产品的使用功能；另一种是社会属性，交换的是产品的社交货币。

比如，自从微博、微信出现之后，很多人都迷恋上了"晒"自己的生活。出去吃饭，饭前要晒一下食物；看场电影，开场前晒一下电影票；出去旅行更是随走随晒……

在互联网时代，消费行为已经成为我们为自己"代言"的方式，我们通过消费来表达自己的身份、品位以及价值观等。在这个过程中，商品的经济意义变得越来越弱，社会意义则越来越强，消费也开始从经济交换逐渐向社会交换过渡。

人是社会动物，喜欢社交、乐于分享是人的天性。粉丝营销正是利用了人的这一天性，通过了解目标群体的行为和心理特征来有针对性地塑造自己的产品和品牌，让它能够满足目标群体"晒"的心理需求，即为产品或品牌注入社交货币，使其自带传播属性，从而引发口碑传播。

比如，六神花露水与RIO鸡尾酒联合推出的跨界产品——六神风味鸡尾酒（见图6-3），就是非常典型的一个案例。一个是百年老字号国货精品，一个是时尚新锐和社交潮品。一老一新的结合，再加上"六神花露水"带给味觉的刺激，让这款产品从上到下，从里到外都充满了话题性。而话题性越强烈，产品本身拥有的社交货币也就越多，就越能激发人们分享转发的欲望。

结果，产品预售海报一出来网友们就在微信朋友圈以及新浪微博等各大社交媒

体"奔走相告",自发创造的有趣好玩的段子也层出不穷:

"从小家里人就说不能喝花露水,现在终于能尝尝了。"

"喝完,是不是就可以防蚊了?"

"干了这杯六神,从此百蚊不侵。"

"我终于可以喝六神了。"

"喝了今晚可以不用点蚊香吗?"

"喝了这酒从此就是电蚊香本体了,妈妈再也不怕我被蚊子咬啦!"

"内服外用,一口入魂,二口驱蚊,哈哈!"

而产品的销售力更是对得起"六神鸡尾酒"这个名字,刚上线1天就已经吸引近万天猫消费者加购、收藏。2018年6月6日0点一开卖,17秒内就让限量供应的5000瓶瞬间秒光。更夸张的是,产品还未上线就有人在淘宝上高价求购空瓶,一个空瓶甚至被炒到368元的价格。

图6-3 六神风味鸡尾酒宣传海报

法国著名的文学家、哲学家让—保罗·萨特(Jean-Paul Sartre)曾说"他人即地狱",

意思是：他人的目光和看法影响我们的自由意志，左右我们的选择，我们其实是活在别人的眼中。这句话充分说明了人性的虚伪，但也正是这种人性的弱点为营销提供了机会。我们都希望展现给别人良好的个人形象，因此，一切满足这种虚荣心、炫耀心，有助于塑造个人形象的事物都会激发我们"晒"的冲动。

互联网下半场，用粉丝重塑信任链

移动互联网的媒介变革给营销带来的挑战，本质上是由触媒方式变化导致的一场信任危机。因此，解决危机的方式，也必须从变化入手，寻找重塑用户信任链的新介质。

互联网下半场的焦虑

进入互联网下半场，我们的普遍感受就是焦虑，传播失控只是其中一个诱因，在其背后还隐藏着更多、更大的不确定性。

1. 竞争环境的高度不确定

首先是外部边界的消失。过去企业面临的外部边界相对清晰和简单，就是生产商、供应商和客户，而现在面临的外部边界不仅是本行业的利益相关者，还有跨行业的竞争对手。比如，滴滴砸了出租车公司的饭碗，微信动了移动联通的奶酪……降维攻击和颠覆随时都有可能发生，而可怕的是，直到你被消灭的那一刻，你才看清楚对手是谁。

其次是消费者升级，且购买决策周期增加，平台搜索已经不再是主要流量入口，内容生产者通道成为商品曝光主要阵地。在这样的背景之下，场景消费成为企业营销的主流观念。正如张瑞敏所说，过去企业打固定靶，现在打移动靶。

在消费偏好、消费场景快速迭代的时代，消费者个性化、碎片化不断深化的时代，传统企业面临高度的不确定性，而如果不能在正确的时间采取正确的营销策略，企业很可能就会在市场竞争当中落败。

2.传统营销的失效

很多企业认为，好营销＝好广告，例如我们熟知的一些品牌都是通过广告营销的成功带动了品牌的成功："怕上火喝王老吉""经常用脑，就喝六个核桃""今年过节不送礼，送礼就送脑白金"……传统营销就是向中心化大众媒体砸上一两个亿，让消费者记住一两句广告词，然后就OK了——拼的是谁钱多，谁能掌控媒体资源。那么，在今天的营销环境之下，这还适用吗？

显然效果大不如前，甚至逐渐失效了。这是因为企业与消费者的连接出现了问题，以往是通过广告和渠道来影响消费者的认知，但现在消费者生存的维度变复杂了，从一度空间（现场的物理空间）变成了三度空间（现场、网络、社群），这就意味着消费者可以在不同的空间里来回穿梭，从"固定靶"变成了"移动靶"，这显然增加了企业营销的难度，要想抓住他们的注意力越来越难。

而且，影响消费者购买决策的因素也发生了变化，权威背书已经不灵了，消费者越来越相信产品的口碑和朋友的意见。而如何营造口碑，如何让用户影响用户，这些对于习惯了厂商思维的传统企业来说，无疑是极大的挑战。

企业营销面临的另外一个巨大挑战是社交媒体的崛起，及其带来的传播失控化趋势。这一点在俄罗斯世界杯上展露无遗，企业想传达的信息和认知明明是A，但在社交媒体的参与和狂欢下，被消费者记住的却是B。这种不受掌控的传播演化趋势，给予企业的焦虑感是空前的。

未来往何处去？不确定时代到底还有没有确定的抓手？如何重塑品牌与消费者之间的信任链？这些问题已经一一展现在了企业面前。

下半场何去何从

我们已经明显感觉到，互联网下半场与上半场的明显不同：从竞争角度讲，上半场是蓝海竞争，在"互联网+"有很多空白机会和风口，但进入下半场却是红海一片，线上的流量红利基本上已经消耗殆尽；从底层逻辑讲，上半场是需求逻辑，创新主要集中在用户的连接和数字化，是从边缘切入、去中心化的，而下半场变成了供给逻辑，从厂家、商家的立场出发进行数字化改造，以提升运营和满足新需求的效率，打造用户的忠诚度。上半场是流量思维，主要动作是拉新和跑马圈地，下半场是超级用户思维，主要动作是留存；上半场是机会性窗口，靠的是胆识，而下半场迎来的是战略性窗口，要抓住这个窗口则需要一定的预见能力和战略定力。

正是因为有这么多的不同，所以才带来这么多的不确定性，陈春花老师说过：在任何不确定的环境下，唯一可以确定的是顾客。能够真正给你带来价值的是顾客，只要能够真正地与顾客在一起，企业就能够与不确定性相处并拥有持续发展的基础。

她认为，互联网下半场有两个重要的特点，第一就是如何解决效率，第二是如何增加和消费用户在一起的时间。其实，在我看来这是一回事，因为无论是通过供给侧数字化来提升效率的目的，还是抢占用户的时间和实现用户私有化，其中的关键就是重塑与用户的信任链。

所以，这个问题的答案可以简单归结为一点：**回归顾客体验，从经营产品到经营人。**

用粉丝营销重塑信任链

不管发展到什么阶段，**商业运营的核心永远都只有一个，那就是塑造用户与品牌之间的信任链，而这也是营销的最终目的。**

互联网下半场，传统营销的失灵本质上就是信任感打造方式的失灵，传统的一对多、大喇叭式的大众传播已经不能带来用户信任，所以必须寻找新的用户沟通方式。经历了大量案例的实践和论证，这个方式最后被我们找到了，它就是——让用户影响用户，这也是粉丝营销的根本逻辑。

先孵化一小撮高势能用户成为粉丝，然后让这些粉丝通过自己的口碑帮我们去宣传和连接更多的精准用户。就像滚雪球一样，从一个原点开始，通过粉丝口碑不断吸引新的用户加入，新用户转化为新粉丝，新粉丝再去吸引新的用户，最后雪球越滚越大，直到引爆。

"用户影响用户"是塑造信任感最强、最有效的方式，在大众媒体诞生之前，商业的传播主要靠口口相传，它的转化效率虽然毋庸置疑，但其影响范围受到地域的限制，而今天互联网的诞生却为这种最本真质朴的传播方式创造了无限放大的条件。

信任是商业的基础，在信任的基础上粉丝还可以为品牌做很多事。

首先是销售上的，比如苹果、小米每出一款新品，他们的粉丝都会倾囊支持。

其次，粉丝还可以参与品牌的内部经营和营销传播，成为品牌的编外职员。

据悉，在小米 MIUI 论坛上，大概有 60 万发烧友参与了 MIUI 手机操作系统的开发和改进；2013 年，"米粉"帮助小米翻译了 25 个国家的语言版本；MIUI 适配了 36 款机型，"米粉"适配了 143 款机型；"米粉"帮助小米做了 1000 套主题、10000 种问答方案……

俗话说，众人拾柴火焰高，难怪小米能成为现象级的案例。

再次，粉丝还能成为品牌的护城河。

我们看到诺基亚、摩托罗拉这些曾经的手机巨头已经被时代无情地抛弃了，而苹果、小米却如日中天。苹果已经成为全球市值最高的企业，而小米也在几年时间就完成了对传统手机厂商的弯道超车，屡创销售奇迹。更难能可贵的是，小米在失去风口之后的反弹能力。为什么会出现这种状况？原因就在于苹果、小米背后都拥有一大批坚定的支持者，无论发生什么情况，他们都不会轻易抛弃自己喜欢的品牌。

从概念上讲，粉丝与用户、消费者最大的不同就在于他们的复合属性，他们不仅是消费者，还是品牌忠实的传播者和捍卫者，是对品牌有强烈的感情的。我曾经说过，工业时代最贵的是地段，传统互联网时代最贵的是流量，而移动互联网时代最贵的一定是粉丝——粉丝将变成企业的核心资产和变现的基础。

最后，粉丝在口碑传播上的贡献就更不用说了，如今，口碑影响已经成为品牌营销的主要驱动力，而口碑产生的基础就是粉丝。过去，品牌传播拼的是财力和媒体及渠道资源的掌控力，而如今拼的是粉丝，谁拥有的粉丝多，谁就拥有口碑和传播势能。

管理大师彼得·德鲁克说，企业的目的有且只有一个，那就是创造顾客。只要有顾客，企业就可以永续经营、基业长青。试想，如果有一大批忠实的粉丝愿意跟随你、供养你，你还有什么可焦虑的？

新的信息传播路径下，如何打造品牌

社交媒体的发展，使得个人的话语权充分得到释放，消费主权发生反转，理论上讲，人人都可以出名15分钟，口碑的威力越来越大，而传统广告却逐渐式微。因此，用粉丝重塑信任链的逻辑是正确的，展望未来，我们的品牌打造方式也必须做出如下调整。

从经营产品到经营人

社交媒体时代，任何品牌的成功都离不开粉丝的支持，这也是我们在当下这个时代必须正视的一条营销路径。

互联网、移动互联网的快速崛起，已经使得传统工业时代成为了历史。而时代的迁移，也必然会给商业市场带来翻天覆地的变化。新时代下，传统营销模式已经失去了其故有的优势，传统工业时代的思维方式已经不再适用。

2013年9月3日，微软宣布将对曾经的手机巨头——诺基亚进行收购，这家成立于1865年、曾经连续14年占据市场份额第一、堪称工业时代发展典范的企业就这样宣布将暂时消失在大众面前。当时诺基亚CEO说了一句让所有高管都落泪的话："我们并没有做错什么，但是我们输了。"

是的，如果以工业时代的发展目光来看，诺基亚确实没有做错什么。但是，他们却忽略了时代的变迁和结构性不确定带来的行业变革。在互联网时代到来时，还在妄图用工业时代的思维模式参与商业竞争，失败是必然的。

互联网时代，商业竞争法则已经发生了改变，企业想要在竞争激烈的市场中立足，就要学会适应时代的发展。苹果、小米、特斯拉等企业的快速发展告诉我们，营销已经从重视产品（1.0）、重视顾客（2.0）的时代，快速进入重视粉丝的营销3.0阶段。而之前一直大大落后的中国营销，也搭上了移动互联网这趟高速列车，不仅弯道超车，还走到了世界前列。中国营销正在步入一个全新的阶段，传统的"深度分销"正在逐步被"深度粉销"所替代，"无粉丝，不营销"正在成为新的商业竞争逻辑。

2014年，当我首次提出深度粉销概念时，非常多的老板和创业者对此表示质疑：粉丝毕竟只是一小部分人，真的能给我们带来市场吗？并不了解产品的粉丝真能为我们提出可用的建议吗？

事实上，自媒体时代，对于企业而言最有效的传播手段就是拉近和粉丝的距离，让粉丝参与到品牌建设中来，将产品变成大家的产品，以此来促使用户为品牌进行传播和分享。这也是小米、三只松鼠、江小白等互联网新锐能够快速崛起的主要原因。

今天，移动互联网已经渗透到人们生活的方方面面，信息越来越透明，技术的发展也真正实现了以用户为中心。当今社会一个产品或一个品牌营销的成功，不是简单粗暴地砸钱就能解决，必须要知道你的粉丝是谁，如何与他们互动，他们的痒点和痛点在哪里，品牌有了"死忠粉"，才能迅速发展。因此我才认为，企业从"深度分销"到"深度粉销"是大趋所势。

没有"粉销"思维本质上就是没有"用户思维"，过去的"中国式营销"是以产品、渠道为核心的，**而今天的"用户思维"其实是把每一个用户都当成一个终端**，这个终端协助商家形成产品或品牌的口碑效应，当然也可以直接出货。从深度分销到深度粉销，从产品、渠道为核心到以用户思维为核心，归结为一点就是：从经营产品到经营人。"以人为本"也正是粉丝营销的核心理念。

很多跟不上这个变化的管理人还希望继续享受传统渠道红利。不过我相信你在今天做的事将决定三年后的状态，今天，还不能真正重视"用户"的企业，三年后定会追悔莫及。

从经营品牌到经营 IP

得 IP 者得天下，这恐怕是当下营销界最主流的共识了，品牌 IP 化已经成为社交媒体时代品牌营销的必然趋势。

众所周知，娃哈哈创始人宗庆后是出了名的"顽固派"，在一次节目直播中，他曾当场指责马云的"五新"言论是"胡说八道"。但就是这样一个以"保守""顽固"著称的传统企业家，最近却做了一件"出格"的事。

2018 年年初，娃哈哈宣布与动漫行业龙头中南卡通合作，推出一款"娃哈哈天眼晶睛"发酵乳（图 6-4 为该发酵乳的宣传展品）。这款产品的特别之处就在于，它是一款 IP 驱动的产品，整个产品从名称到包装、传播都围绕 IP 打造，这个 IP 就是中南卡通制作的动画片《天眼传奇》里的天眼。

这部 2015 年上映的动画片，虽然远没有《小猪佩奇》《海底小纵队》《神偷奶爸》《汪汪队立大功》等这些国外动画名头响亮，豆瓣评分也只有 4.8 分，但娃哈哈看中的是它的 IP 形象与这款饮料宣传功效的高度契合，用天眼动漫形象的影响力来带动粉丝，可以将简单的买卖关系变为 IP 互动关系。

在之前的一次采访中宗庆后被要求提炼娃哈哈成功的三大要素，倔强的"饮料大王"坚定地说：没有三条，只有一条——渠道，也就是我们娃哈哈的联销体。而如今，这位曾在深度分销时代呼风唤雨，对马云那一套嗤之以鼻的前中国首富，却发生了 180 度大转弯，开始主动拥抱 IP 和粉丝经济，足见 IP 的重要性。

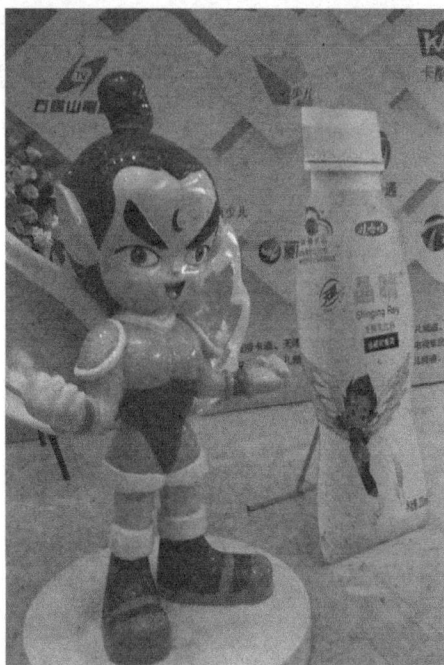

图6-4　娃哈哈"天眼晶睛"

这是个无IP不营销的时代，IP就像大航海时代的蒸汽船，代表着一种来自更高维度文明的思维方式。就像刘慈欣在《三体》中描述的那样，当面对来自更高维度文明的三体人，人类渺小的就如同坐以待毙的虫子，这是不对称的战争，根本没有赢的可能。

传统营销与IP之间的较量正是如此。IP与品牌之间的区别，用一句话来总结就是：IP天然是品牌，但品牌不一定是IP。IP自带流量，可以自传播，天生就是话题中心，走到哪流量就跟到哪。与之相比，传统品牌投入大量人力、财力，到处围追堵截，却只能眼睁睁看着消费者一个个逃离。

反差何以如此之大？其中一个核心要素就是IP有传播势能，而传统品牌没有，而决定传播势能的就是粉丝的数量和质量。超级IP之所以成功就是因为它后面跟着一大批铁杆粉丝：他们对IP热爱到痴迷的地步，愿意为它付出和奉献，不仅自己消费，还影响周边的人，免费做它的宣传员和推广员，积极献言献策，并时刻准备着捍卫它的声誉。

无粉丝，不 IP，无 IP，不传播。所以我们会发现，凡是具备 IP 势能的品牌都有铁杆粉丝：

宜家有铁杆粉丝，这些人被称为"宜家黑客"。他们从来不按照宜家提供的产品说明书去组装家具，而是根据自己的爱好与想法去改装家具，没想到反而激起了 DIY（Do It Yourself，自己动手制作）风潮，从而为品牌提供了很好的传播。

乐高有铁杆粉丝。他们购买乐高，发挥想象力，只为拼出令人震撼的作品。而乐高会主动与这些超级用户合作，将他们的作品纳入自己的产品序列，获得的利润与超级用户分成。

小米有铁杆粉丝。每周新版本更新后，他们主动反馈使用感受，测试系统漏洞，提出新的功能设想，甚至有人主动提供代码……小米会根据这些意见，在日后的系统升级中逐渐完善。

套用雷布斯（雷军）的一句话：因为粉丝，所以 IP。无论是天眼、小猪佩奇这样的公共 IP，还是宜家、小米这样的自有 IP，其之所以具备这样的传播势能，都离不开粉丝的参与和支持。同样，离开了粉丝的支持，超级 IP 也就失去了本来的价值。

品牌 IP 也一样，粉丝决定了 IP 的势能和声量，也是 IP 建立的前提。因此，要管控好自己的产品品质、品牌信誉，坚决不做有损粉丝利益和让粉丝感到丢脸的事。

从交易思维到社交思维

在人人皆可传播的时代，所有产品都要有社交属性，因为社交是产品传播的重要路径，有了社交属性，也就意味着产品自带了流量和传播性，这是其一；其二，社交流量是一切流量之源，因为"社交是人的天性，社交流量是高频流量，社交流量永不枯竭"。尤其是在当下中心化流量分配模式逐渐式微，社交电商异军突起的时代，赋予产品社交属性更为必要。

一个不可忽视的事实是，伴随移动互联网的发展和社交媒体的纷纷崛起，"90后""00后"等年青一代已经进化出一种新能力，即可以自动屏蔽掉无效和不感兴趣的信息。这导致传统的定位式洗脑营销逐渐失效，唯一的破解方式就是为产品植入社交属性，让产品本身成为话题，自带传播势能。

如何为产品赋予社交属性？我们提炼了以下几点。

1. 植入话题，让产品成为社交货币

人与人之间的交往都需要谈资，谈资是避免尴尬和获取认同感的重要方式。社交货币说通俗一点，就是谈资，让产品成为社交货币就是赋予产品可以谈论的价值。

杜国楹在谈小罐茶的产品打造逻辑时，提到很重要的一点，就是通过形象包装和品牌背后的故事，让产品本身成为可以谈论的话题，从而避免了商务社交中的尴尬。

很多品牌也深谙此道，比如，海尔通过洗衣机立币大赛（在高速运转的洗衣机上将硬币立起来），很好地吸引了大众的围观，让最新推出的产品成为人们热衷讨论和分享的话题。

2017年泸州老窖推出了一款香水酒（见图6-5），把酒瓶外观设计成香水瓶的模样。更妙的是，这是一款真的香水，可以喷还可以喝。结果，这种看似不搭边的跨界充分调动起了大众的好奇心，话题讨论的热度在社交媒体上持续升温。

图6-5　泸州老窖香水酒

与之类似的还有可口可乐推出的化妆品套装、肯德基推出的炸鸡味唇膏、某电动车品牌为了宣传其产品的防盗性能举办的广场开锁大赛……这些都是为产品植入话题的方式。

让产品本身成为话题，是赋予其社交属性最重要，也是最直接的方式，但并不是所有话题都能激发人们分享和讨论的冲动。通常，我们会比较倾向于分享那些可以使我们的形象看起来"高富帅"或"白富美"的内容，因为分享的话题本身就代表并定义了自己。

所以，要想产品成为一枚具有强大传播力的社交货币，就必须让产品自带话题，而且这个话题还能为分享者形象加分，比如，证明他们见多识广、幽默、有品位、有爱心等。

2. 标签化，让产品成为身份的象征

社交活动的基础是角色化，即每个人都有一个可识别的、确定的身份，我们的言行都受角色的控制，同时，我们也会根据交往对象的身份来设定不同的交往模式。

我们的身份或角色是由很多标签组成的，比如教师、医生、父亲、儿女这些属于一级标签，时尚、保守、勤奋、懒惰、好人、坏人、幽默、见多识广等属于

二级标签。一级标签基本是中性的，并且不易改变；而二级标签则带有褒贬，并且处于变动之中。

绝大多数人希望得到一个好的标签。比如时尚，很多人喜欢穿光鲜亮丽的衣服、购买最新款的包包、出国旅游、追星、尝试各种新鲜的东西，希望能在别人眼里活得时髦。

而消费就是获取二级标签的重要方式。在物质丰裕的时代，消费已经不再是个人的事，而是成为相对于别人的事，我们消费一部分是为了满足生理需求，而更多是为了获得心理的满足，我们用消费品来重新定义我们自身，表达自己的个性、品位、身份。

因此，在互联网时代，品牌千万不要试图满足所有人的需求。因为，满足所有人意味着没有差异化，没有差异化也就失去了标签属性。品牌要致力于成为少数人的首选，成为他们身份的象征，当一件商品能给用户带来身份的认同感和自豪感时，他们便会非常乐意在外人面前炫耀自己是它的消费者。比如"果粉""米粉"以及特斯拉、Supreme、LV 的拥护者等。

3. 巧妙设计分享机制，让产品成为朋友之间相互馈赠的礼物

所有礼品都有社交属性，因此一旦一件商品具备了礼品属性，它的传播也会相对容易。这也是六个核桃、加多宝、王老吉这些品牌拼命往礼品上靠拢的原因。

为产品贴上礼品的标签有很多种方式，比如六个核桃、加多宝、王老吉，是通过广告场景的营造和引导来实现的。而进入互联网时代，广告的效果大不如前，而且成本很高，此时更需要巧妙设计一种分享机制，来让产品成为朋友之间相互馈赠的礼物。

比如樊登读书会的会员、准会员（注册过的体验者）享有一种特权，只要他将读书会的链接分享给好友，好友下载注册后就可以得到 7 天的免费试听，会员自己也可以得到相应的积分奖励；在得到上也有类似的分享设置，会员可以从自己购买的课程中挑选几节赠送给好友，供好友免费收听；微信读书也做过一次活动，不过形式刚好

相反，不是馈赠而是向好友索取，自己挑选一些书发给好友，让好友来帮你买单。

分享的过程就是传播的过程，通过分享实现裂变，正在成为移动社交时代重要的获客手段。

4. 场景化，让产品成为社交工具

《创新者的窘境》作者克莱顿·克里斯坦森说过一句流传甚广的话：消费者并不是在购买产品，而是雇佣品牌来完成一项工作。比如，通过雇佣品牌来打发无聊时间、增进与孩子们的感情、让自己的生活变得更美好等等。我们改善人际关系、满足社交需求，则是通过雇佣具有社交属性的品牌来完成的。

有些产品天然具有社交属性，比如酒，它是人际交往的润滑剂，"感情浅舔一舔，感情深一口闷"，中国的社交文化全在酒里了。酒为什么在中国具有如此高的社交地位？因为它切入了一个高频的社交场景——吃饭。同样，其他产品要想获得同样的社交地位，也必须找到一个适合自己的社交场景。

从传播性上讲，社交场景是最强的，这也是许多新品在做推广的时候看重餐饮渠道这一典型社交场景的原因。比如，王老吉的迅速崛起归功于对火锅聚餐场景的精准切入，金六福是从喜宴切入，而江小白找到的社交场景则是年轻人的小聚和公司团建。

场景可以强化消费者的认知，一件商品在社交场景中出现得多了，自然就被赋予了社交属性。

消费是相对于别人的事，而社交则可以让消费成为更多人参与的事。社交天然具有传播性，没有社交属性的产品，在互联网时代将很难引爆传播。

社交媒体语境下，口碑的力量正在崛起，作为口碑创造者和传播者的粉丝，也当之无愧地成为重塑用户信任链的最佳介质，这是时代赋予的历史使命，也是深度粉销之所以成立的根本逻辑。

展望未来，营销的工具和手段可能会不断推陈出新，发生变化，但深度粉销所代表的"回归顾客终身价值"和"以人为本"的商业思想却将永存。

后记 >>>

信仰粉丝的力量

就在本书的写作行将结束的时候，一个振奋人心的消息刷爆了各大网站和无数人的朋友圈——小米上市了！

小米成功上市，标志着国际资本市场对移动互联网时代中国新一代领导性公司的认可，更标志着我们所倡导并深信不疑的粉丝经济的巨大胜利。

尽管不是"米粉"，但我由衷为小米感到高兴，为"米粉"感到高兴，因为小米是最典型的粉丝经济的代表案例，它的成功意味着粉丝的价值终于得到了全世界的认可。

众所周知，小米的上市之旅并不顺利，不仅经历了资本的波动，还遭受了来自各方的质疑。比如：小米到底是什么样的一家公司？它的核心竞争力到底在哪里？很多人搞不清楚。对于这样的疑问，雷军在上市前的一次路演中回答道：过去一个星期我终于想明白了，小米是全球罕见的，同时能做电商、硬件、互联网的全能型公司。我不关心小米是不是互联网公司。

什么是全能型公司？雷军在另外一次讲话中做出了解释，他说：小米不是单纯的硬件公司，而是创新驱动的互联网公司，坚持做"感动人心、价格厚道"的好产品，和用户交朋友，让全球每个人都能享受科技带来的美好生活。

所谓的全能型公司，我的理解就是没办法用过去的企业类型象限来衡量，从业务上来看，它的定位似乎是混乱的，手机、家电、硬件，软件，什么都做，既是互联网公司，又是硬件公司，既属于实体经济，又可归类于互联网经济。

所以很多人看不懂，甚至拿传统定位理论和贾跃亭的生态化反悲剧来批判它、质疑它。因此，面对质疑，雷军也只能发明一个新词——全能型公司，来回答。这也实属无奈之举，不在一个象限，话语体系是没办法转化的。

小米不是没有定位，而是它的定位主体变了，从品牌定位、产品定位变成了用户定位、粉丝定位，从经营产品、品牌，转变为经营人。这也正是雷军说的"坚持和用户交朋友"的核心思想。

小米的核心竞争力不是某一款产品，也不是某一项服务，而是它的粉丝聚合力。得粉丝者得天下，在社交媒体时代，粉丝已经变成了品牌最贵、最核心的资产，道理并不复杂，但只有小米认识到并且勇敢去实践，而且把这条路走通了。

蔚来汽车创始人李斌说，小米将是未来十年最伟大的公司之一，甚至将超过苹果。他的结论依据就是商业竞争的本质是经营用户，因此，用户体验将是最重要的护城河。只要用户的心跟你在一起，即使你有这样或那样不完善的地方，也总能快速修正，并被他们接受。

这正是我们所讲的粉丝赋能价值，粉丝的贡献已经不能用单向度来衡量，而是体现在多个方面。他们贡献购买力，贡献口碑，甚至参与产品的研发设计，在危机时刻还能力挺品牌渡过难关。

在用户和社群的经营方面，小米显然已经走在了时代最前面。

因为"米粉"，所以小米。

雷军深知粉丝对于小米的重要性，所以曾在无数场合多次表达对粉丝的感谢，还专门拍摄过一部感谢粉丝的微电影——《100个梦想的赞助商》。上市前夕，小米官微专门发帖对粉丝连连致谢："千言万语，只想说一声谢谢！谢谢所有用户，谢谢米粉，谢谢！"同时在北京、香港、上海、广州、杭州、深圳、武汉、南京、成都九大城市，点亮了各地的地标，打出了硕大的"谢谢"字样（见图P-1）。而就在上市敲锣的那一刻，小米还专门请了"米粉"一起上台庆祝。

图 P-1　小米上市前夕，用点亮地标的方式感谢"米粉"

这一切正是小米长期坚持的"和用户交朋友"理念的再次体现。

从中关村一碗小米粥起步，创业 8 年，收入过千亿，经营利润过百亿，如今又成功登陆港股，迎来高光时刻，不管小米当下的市值如何走向，也不管外界对小米模式如何质疑，小米的增长和未来都是可以期待的。

用雷军的话说，新物种往往没有天敌，很快就可以猖獗蔓延，高速成长。小米就是这样的新物种，因为它的身后站着热爱它的粉丝。

相信粉丝的力量，重视粉丝资产，接受粉丝的赋能，这是在我们这个时代企业走向基业长青的唯一途径。这是小米带给我们的启示，也是我们所倡导的深度粉销理论体系一再坚持的信念。因为相信，所以才会发生，未来只有两种企业，有粉丝的和没有粉丝的，但显而易见，前者的竞争力和生命周期将远远超过后者。

信仰粉丝的力量，等待美好发生！

致 谢

我承认，作为一直在营销一线打拼的实践者，写作并不是我擅长的事。举例来说，我的微信公众号"深度粉销"四五年来写得还算认真，但绝非高产，但我已经很骄傲了。如果2013年，自媒体"调皮电商"创始人冯华魁没有对我操盘的"炸弹二锅头"案例做深度访谈，随后写成的复盘文章没有让我亲身体验到爆文红利，或许今天我的"低产"也不存在了。感谢他对我的启蒙，让我得以真正坚持记录自己工作的方法及感悟。

本书的出版前后历时三年，首先要感谢场景实验室合伙人郑婷，她三年前对我发出写书的邀约，并在这三年的时间里对我不断鼓励，没有她就没有这本书。

还要感谢销售与市场杂志社的前同事赵晓萌，在我对写书这件事完全不懂时，是他给我讲解写书的逻辑，并帮我梳理了初步的框架。

更要感谢的是我的同事寇尚伟，他把我很多培训、演讲的音频整理成文字，并完成了重要的案例采访及文字梳理，他的辛勤工作保证了此书的如期出版。

当然还要感谢我的同事党建州、鲁汶婷、金鹿和常婧，他们都为此书的案例调研和出版付出了不少精力。

感谢人民邮电出版社恭竟平老师、马霞编辑，著名出版人袁璐老师，以及国研智库书院范鹏宇老师。他们为本书的出版投入了大量精力，并提供了智慧与专业支持。

感谢接受补充访谈的雷神路总（路凯林）、三个爸爸戴总（戴赛鹰）、樊登老师、联想新视界白总（白欲立）、江小白陶总（陶石泉）。感谢我团队所有的小伙伴和我们的客户，大家一起在"战斗"中结下了"互粉"的关系。

我必须致敬领我入门的导师前辈：刘春雄老师、施炜老师、孔繁任老师、赵强老师、罗文杲老师等。我有幸曾经和他们一起走到市场一线，近距离听他们的真知灼见，这是我的荣幸！从他们身上，我不仅学到了专业、专注甚至是"偏执"，还学到了"想做事，先做人"。我是你们永远的粉丝！

面对人生第一次出书，请原谅我的啰嗦。我还要致敬我人生第一位正式的偶像——我的舅舅。他在我迷茫的青春期用言传身教坚定了我做人的底线，用下棋和辩论让我理解这世界的"联系""变化"与"相对性"，使我创业后每遇困境都还可以心存"美好"。

致敬我的父母，他们是我最忠实的粉丝，尤其是家父，他的微信朋友圈几乎被与我相关的信息霸屏，每次看他的朋友圈我都忍不住泪目。

感谢我的爱人，我们的互粉关系让我们的婚姻"保鲜"。很开心的是，儿子当当今年 6 岁，但已经成为一个很有"死忠粉"气质的人，妈妈希望"榜样的力量"可以让你在人生中不断成为"更好的自己"。

粉丝就是支持者。感谢给我支持的亲友团——北京大学的同学们以及粉丝研究院的会员们！你们对我的信赖，总能发酵成为力量，让我一路前行。

对以上人员，以及每一个支持过、鼓励过我的人，再次感谢！